왜 김춘추는 당나라와 손을 잡았을까?

교과서 속 역사 이야기, 법정에 서다

의자왕 vs 김춘추

왜 김춘추는 당나라와 손을 잡았을까?

글 박순교 | 그림 안희숙

ㅣ주ㅣ자음과모음

김춘추가 몸담은 세상은 혼란스러웠습니다. 고조선이 멸망한 이래 분열과 전쟁은 극심했고 그 세월이 무려 900년에 달했지요. 끝날 것 같지 않던 혼란이 자취를 감춘 것은 신라가 삼국을 통일한 이후였습니다. 그 중심에 김춘추가 있었고요.

김춘추는 폐위당한 왕의 자손으로 태어나 주위의 따가운 질시 속에 성장했습니다. 또, 가야 혈통인 문희를 처로 맞아들이면서 폐쇄적인 신라 사회에서 인습의 굴레를 과감히 벗어던지고 고독한 이단의 길을 고집했습니다.

때마침 백제에는 젊은 의자왕이 즉위했습니다. 의자왕은 성난 파도처럼 신라를 공격했어요. 대야성이 무너졌고 한강 일대가 아수라장이 되었지요. 김춘추의 딸 고타소가 차가운 주검이 된 것도 이때

였습니다. 김춘추는 할 말을 잃고 통곡했습니다. 그러나 김춘추는 좌절의 세계에 갇혀 지내는 대신 세상을 향해 버거운 발걸음을 내디뎠습니다.

세 아들을 험한 중국 땅에 보내 외교 전쟁의 승기를 잡고, 김유신에게 딸을 출가시켜 통일 전쟁의 기운을 북돋운 것은 그였기에 가능한 일이었습니다. 둘째 사위를 위험한 통일 전쟁에 보내 죽게 한 것역시 오롯이 그의 뜻이었지요.

900년에 걸친 분열이 끝난 것은 김춘추가 거둔 문(文)의 승리였고 외교의 승리였으며, 가족 성원 모두의 희생을 바탕으로 일궈 낸 승리였습니다. 거기에 호응을 보탠 민초들의 값진 희생을 빠뜨릴 수없음은 물론이고요.

그들 모두의 희생이 있었기에 삼국의 통일은 이루어졌습니다. 그는 행동하는 국제 전략가였고, 아슬아슬한 외교전의 승부사였으며, 오랜 시간 미래를 한발 앞서 설계하고 준비한 통치자였습니다. 전쟁에 시달리던 백성은 비로소 창칼을 풀고 생업에 종사했고 마음의 평정을 얻었습니다. 그의 손을 거쳐 통일 신라의 서막이 열렸지요.

백제의 의자왕과 고구려의 연개소문 역시 당대의 걸출한 영웅이었습니다. 일찍이 태자 시절부터 해동 증자로 불릴 만큼 문무를 겸비한 의자왕은 즉위하자마자 미후성, 수곡성을 비롯한 신라의 서쪽 40여 성을 삽시에 빼앗았습니다. 그리고 고구려와 함께 신라의 대당 교통로인 당항성을 공격했어요. 숨 막히는 신라의 위기였고 빛나는 백제의 부흥이었습니다.

연개소문 역시 고구려를 한 손에 쥐락펴락했던 당대의 무사로, 쿠데타를 일으켜 영류왕의 목숨을 빼앗고 권력을 찬탈했습니다. 여러 차례 당나라와 싸워 승리한 것에서 알 수 있듯이, 연개소문은 탁월한 군사 지휘 능력도 지녔습니다.

하지만 격변하는 7세기 동아시아 정세 속에서 백제와 고구려는 진화하지 못했습니다. '안보는 자신의 힘으로만 지키는 것이 아니라 정교한 계획과 설계를 바탕으로 이웃과 더불어 짜야 한다'는 교훈을 남기고, 백제와 고구려는 끝내 아득한 역사의 저편으로 사라졌습니다.

외세를 끌어들인 데다 고구려 땅 대부분을 잃은 불완전한 통일이라는 비판도 있지만, 과연 김춘추가 당나라와 손잡지 않았다면 백제와 고구려는 무사했을까요? 굳건한 정신의 뿌리를 잃어버린 채 마지막을 재촉한 백제와 고구려보다, 살아남기 위해 끊임없이 탈바꿈하며 발전을 모색한 카멜레온 김춘추를 다시 볼 여지는 없는 것일까요?

오늘에야 드디어 켜켜이 쌓인 세월의 무게를 감아올리고 그를 만날 것입니다.

박순교

차례

6세기 말 동북아시아의 국제 정세는 고구려, 백제, 왜, 돌궐을 연결하는 남북 세력과 신라, 수(당)를 연결하는 동서 세력 간의 다툼의 양상을 띠었다.

| 중학교 | 역사 | Ⅲ. 통일 신라와 발해
　1. 신라의 삼국 통일
　(1) 고구려가 수·당의 협력을 막아 내다 |
| | | Ⅲ. 통일 신라와 발해
　1. 신라의 삼국 통일
　(2) 신라가 통일을 이룩하다 |

백제와 신라의 싸움은 격렬해져 갔다. 이에 김춘추는 당에 구원을 청하기 위해 당으로 건너가 동맹을 맺고 백제와 고구려를 멸망시킨 다음, 대동강 이북의 땅을 당에 넘겨준다는 비밀 약속을 하였다.

고구려가 수, 당과 치열하게 대립하는 동안 신라는 백제의 맹렬한 공격으로 어려움에 처한다. 이에 당과 동맹을 맺고자 하였고, 고구려를 견제하던 당도 그 손을 잡게 되었다.

| 고등학교 | 한국사 | Ⅰ. 우리 역사의 형성과 고대 국가
  3. 삼국, 교류와 경쟁 속에서 발전하다
    (3) 삼국 간의 항쟁, 최후의 승자는 신라 |

나·당 연합군은 먼저 백제를 공격하였고, 백제는 의자왕의 실정으로 충분한 대비를 못해 결국 사비성이 함락된다. 나·당 연합군은 뒤이어 고구려를 공격하고, 연이은 전쟁으로 국력이 약해진 데다 지도층이 분열한 고구려도 함락시켰다.

579년	신라, 진지왕 폐위
603년	김춘추 태어남
642년	백제 의자왕, 신라 공격 고구려, 연개소문의 정변
648년	나당 동맹 결성
654년	김춘추, 태종 무열왕으로 즉위
660년	백제 멸망, 의자왕 죽음
661년	김춘추 죽음
668년	고구려 멸망
676년	신라, 삼국 통일

604년	수양제 즉위
610년	이슬람교 창시
618년	수나라 멸망, 당나라 건국
645년	당태종, 고구려 침입
646년	일본, 다이카 개신
649년	당고종 즉위
657년	서돌궐 멸망
661년	이슬람, 우마이야 왕조 성립
690년	측천무후 즉위

원고 **의자왕(?~660년, 재위 : 641년~660년)**

나는 백제의 마지막 임금입니다. 젊은 시절에는 해동 증자라는 별칭을 얻었고, 왕이 된 후에는 활발한 정복 활동을 펼쳐 신라를 위기로 몰고 갔지요. 하지만 결국 나당 연합군에 항복했고, 당나라에서 비운의 죽음을 맞이했습니다.

원고 측 변호사 **김딴지**

역사공화국의 명변호사 김딴지입니다. 오늘 멋지게 변호해서 백제와 고구려를 멸망시킨 김춘추의 죄를 똑똑히 밝힐 거예요.

원고 측 증인 **성왕**

나는 백제 제 26대 왕입니다. 신라 진흥왕과 합동 작전을 펼쳐 한강 유역을 고구려로부터 되찾았으나 진흥왕은 나를 배신했지요. 신라가 어떻게 백제를 배신했는지 오늘 내가 증언하겠어요.

원고 측 증인 **연개소문**

나는 쿠데타를 일으켜 영류왕을 죽인 후 보장왕을 왕으로 세우고 고구려의 권력을 장악한 무장입니다. 당나라와의 항쟁을 이끌며 고구려의 영광을 드높였지요. 하지만 내가 죽은 후 아들들이 권력 다툼을 벌이는 안타까운 일이 벌어졌습니다.

판사 **정역사**

역사공화국의 판사, 정역사입니다. 공정하고 정의로운 판결을 내리기 위해 노력하겠습니다.

피고 김춘추(603년~661년, 재위 : 654년~661년)

삼국 통일의 기반을 닦은 태종 무열왕, 김춘추입니다. 나는 어려서부터 야망이 컸지요. 고구려, 왜, 당을 모두 찾아가 외교를 펼친 끝에 통일의 실마리를 마련했습니다.

피고 측 변호사 이대로

의자왕은 나라를 망하게 한 것도 모자라 이제 김춘추에게 그 책임을 떠넘기고 있네요. 내가 오늘 김춘추에게 죄가 없다는 것을 밝혀 보이겠어요.

피고 측 증인 진흥왕

신라 제 24대 왕인 진흥왕입니다. 성왕은 내가 배신했다고 비난하지만, 신라를 위해서는 어쩔 수 없는 선택이었어요.

피고 측 증인 김유신

나는 신라의 장군입니다. 상대를 마음으로 굴복시켜 죽음으로 충성할 수 있게 해 전투를 승리로 이끌었지요. 김춘추와 동생 문희를 결혼시키고, 김춘추에게 충성을 다해 끝까지 보필했습니다.

피고 측 증인 남생

연개소문의 큰아들 남생이오. 아버지가 돌아가신 후 동생들에게 권력을 빼앗기고 당나라로 도망쳤지요.

"김춘추에게 소송을 걸어
백제와 고구려의 억울함을 풀어 주시오"

　11월의 어느 날 겨울을 재촉하는 비가 내리고, 김딴지 변호사는 창문 너머로 하염없이 그 광경을 바라보고 있다. 세차게 퍼붓는 빗줄기가 길가의 가로수 잎을 떨어뜨린다. 스산한 바람마저 불어와 거리에는 인적조차 드물었다.

　어젯밤 이상한 꿈으로 잠을 설친 김딴지 변호사는 온종일 마음이 불편했다. 꿈에서 누더기를 걸친 두 사람을 만났는데 그들의 슬픈 얼굴이 내내 떠올랐기 때문이다.

　그때였다. 꿈에서 본 모습을 그대로 닮은 두 사람이 나타났다. 마치 약속이나 한 듯 서류 뭉치를 가슴팍에 소중히 감싼 채 둘은 사무실 안으로 성큼 들어섰다.

　"김딴지 변호사님이십니까? 나는 의자왕이라고 합니다. 아무리

긴 세월이 흘러도 풀리지 않는 질긴 원한이 있어 오늘 김 변호사를 찾아왔소이다."

"의자왕이라고요? 백제의 마지막 왕, 의자왕 말씀이신가요?"

"그렇소. 그리고 옆에 있는 이분은 나를 돕기로 한 고구려의 연개소문입니다."

"반갑소, 김 변호사."

두 사람과 인사를 나눈 김딴지 변호사는 둘의 모습을 찬찬히 살펴보았다. 연개소문은 매우 큰 키에 눈, 코, 입이 선명했고 하얀 턱수염을 길게 늘어뜨리고 있었다. 의자왕은 나라를 잃고 굶어 죽어서인지 뼈에 살이 붙도록 말라서, 한 나라의 왕이었다고 생각할 수 없을 정도였다.

세 사람은 한동안 생각에 잠겨 말이 없었다. 더욱 거세진 빗줄기가 유리창을 때렸다. 이윽고 의자왕이 말문을 열었다.

"나의 억울함을 풀어 주시오. 나는 전쟁에 패해 죽은 뒤에도 술과 놀이에 빠져 나라를 잃게 만든 주범으로 비난받아 왔소. 당나라와 손을 잡고 백제를 공격한 김춘추에게 소송을 걸지 않으면 이 억울함이 풀릴 것 같지가 않소. 여기 있는 고구려의 연개소문도 힘을 다해 나를 도와준다고 했으니 승산이 있을 겁니다."

김딴지 변호사는 잠시 머리가 멍해지는 기분이었다. 김딴지 변호사에게 변호를 부탁한 후 두 사람은 바람처럼 돌아가 버렸다. 살아서는 한 나라의 왕이었고 또 한 나라의 대신이었던 이들은, 이제 죽어서 영원히 남겨진 그들의 무거운 짐을 벗고 싶어 했다. 아니, 세상

에 나와 정정당당하게 재판받기를 원했다. 거친 운명의 장난 앞에서 이들은 진실이 담긴 눈물을 흘리며 자신을 찾아와 애원하고 있었다.

김딴지 변호사는 다른 사건을 제쳐 두고 이들의 재판에 나서기로 결심했다. 지상 세계에서는 이들이 잠깐의 영화에 눈이 먼 나머지 나라를 망하게 하고 임금의 자리를 잃은 것이라고 비난하고 있으나, 자신이 새삼 발견하기로는 이 모든 것은 승자의 장난이요, 권력의 행패인 것 같았다.

왜 김춘추는 당나라와 손을 잡았을까?

역사에서 온갖 오명을 뒤집어쓴 채 내던져진 패자, 김딴지 변호사
는 그들을 변호하는 것이야말로 자신이 해야 할 일이란 생각이 들었
다. 크게 심호흡을 몇 차례 한 김딴지 변호사는 두 사람이 놓고 간 서
류 뭉치를 읽기 시작했다. 억울한 사정이 빼곡히 적힌 서류의 한쪽
귀퉁이가 살포시 빗물에 젖어 있었다.

김춘추와 삼국 통일

김춘추는 신라의 진골 귀족으로, 진평왕의 딸인 천명 공주와 김용춘의 아들이자 선덕 여왕의 조카입니다. 사실 김춘추의 아버지 쪽은 진지왕의 자손이고 어머니쪽은 진평왕의 자손이므로 부계와 모계 모두 신라의 왕족인 성골 출신입니다. 하지만 진지왕이 폐위되면서 김춘추 역시 진골의 신분으로 태어나게 됩니다.

김춘추는 신라의 명장이었던 김유신의 처남이기도 합니다. 김춘추가 왕이 될 재목임을 내다본 김유신이 그에게 자신의 여동생을 시집 보내고 가족의 연을 맺은 것입니다. 김유신이 알아본 바대로 김춘추는 훗날 왕이 됩니다. 바로 진덕여왕의 뒤를 이은 신라 29대 왕인 '태종 무열왕'이 김춘추이지요.

왕이 되기 전부터 김춘추는 외교 능력이 뛰어나 당나라, 고구려, 왜 등에 외교관으로 파견되기도 하였습니다. 특히 당나라와는 적극적인 외교 관계를 수립하였고, 당태종으로부터 군사 지원을 약속받았지요.

이후 김춘추 즉 태종 무열왕이 즉위하면서 삼국 통일을 위한 준비는 더욱 빨라졌습니다. 660년, 김유신이 이끄는 5만 명의 대군은 당나라의 소정방이 이끄는 13만 대군과 함께 백제 정벌에 나섭니다. 백제의 사비성을 포위한 나당 연합군은 곧 성을 함락시키고 의자왕으로부터 항복을 받아 냅니다. 결국 백제는 660년 역사의 뒤안길로 사라지지요. 하지만 안타깝게도 김춘추는 신라의 통일을 보지 못합니다. 백제를 멸망시킨 이듬해인 661년 정벌군을 편성하던 중 병으로 사망하였기 때문입니다.

태종 무열왕의 뜻을 이어받은 나당 연합군은 고구려의 평양성까지 포위하기에 이릅니다. 태종 무열왕의 뒤를 이은 문무왕은 김유신 장군과 함께 668년에 고구려를 무너뜨리고 삼국의 치열한 세력 경쟁에서 신라를 최후의 승자로 만들게 되지요.

| 원고 | 의자왕 | 대리인 | 김딴지 변호사 |
| 피고 | 김춘추 | 대리인 | 이대로 변호사 |

청구 내용

백제, 고구려, 신라가 공존하던 삼국 시대에 고구려는 수나라, 당나라의 침입을 연이어 막아 내며 한반도의 방파제 역할을 톡톡히 해냈습니다. 그런데 그동안 피고 김춘추가 한 일이라곤 당나라와 은밀히 연락하며 한민족인 고구려와 백제를 멸망시키는 것이었습니다. 그것도 모자라 이후 신라는 그 대가로 고구려가 차지하고 있던 넓은 영토마저 당나라에 넘겨주었지요. 이제 김춘추는 영원히 씻지 못할 죄를 지은 대가로 역사 앞에 무릎을 꿇고 벌을 받을 일만 남았습니다.

그럼에도 사람들은 김춘추를 삼국을 통일한 영웅이라 말하며 나, 의자왕에게는 나라를 망친 임금이라고 손가락질합니다. 그때마다 내 마음이 얼마나 아픈 줄 아십니까? 고구려의 연개소문 장군도 억울하기는 마찬가지입니다. 온 힘을 다해 싸워 수나라, 당나라로부터 지킨 땅을 김춘추 때문에 잃어버렸으니까요. 나는 이번 소송을 통해서 어떤 이익도 취할 생각이 없습니다. 다만 김춘추가 저지른 행위 때문에 백제와 고구려가 어이없이 외세에 의해 망하게 되었다는 사실을 밝혀내어 명예를 회복하고 싶습니다.

입증 자료

- 중학교 역사 교과서
- 고등학교 한국사 교과서

  그 외 자료 추후 제출하겠음.

위 청구인 의자왕

역사공화국 한국사법정 귀중

왜 김춘추는
외세를 끌어들였을까?

교과연계

역사
III. 통일 신라와 발해
  1. 신라의 삼국 통일
    (1) 고구려가 수·당의 협력을 막아 내다

1

반도의 젖줄,
한강

    의자왕 대 김춘추의 재판이 열리는 한국사법정 306호 안에는 한
사람도 더 들어서지 못할 만큼 방청객들이 들어차 있었다. 방청객들
은 서로 얼굴을 마주 보며 저마다 낮은 목소리로 오늘의 재판에 대
해 웅성거렸다. 그도 그럴 것이, 신라의 왕 김춘추가 백제의 마지막
왕인 의자왕에게 고소당해 법정에 출두했기 때문이었다.

    "백제 의자왕이 이번에는 신라 태종 무열왕, 김춘추에게 소송을
걸었다며?"

    "그래. 의자왕은 지난 재판에서 김부식에게도 소송을 걸었잖아.
정말 억울한 게 많은가 봐."

    "고구려의 대막리지였던 연개소문도 의자왕을 적극적으로 도와
주겠다고 했다던데."

    왜 김춘추는 당나라와 손을 잡았을까?

"삼국이 서로 힘을 겨루는 마당에 김춘추가 당나라를 끌어들여 백제, 고구려를 멸망시켰으니 당연히 연개소문도 이번 재판에 관심이 많겠지."

"아니, 망한 나라의 지도자들이 무슨 할 말이 있다고 자꾸 소송을 거는 거야? 이기면 살고 지면 죽는 살벌한 국제 관계에서 김춘추가 당나라를 끌어들인 게 뭐 그리 잘못인가?"

"그래도 외세를 끌어들인 건 떳떳하지 못했어."

방청객들의 의견이 분분한 가운데 검은색 법복을 입은 판사가 법정에 들어섰다. 판사의 위엄 있는 모습에 법정 안은 쥐 죽은 듯 조용해졌다. 판사가 천천히 입을 열었다.

판사 　원고 의자왕과 피고 김춘추의 재판을 시작하겠습니다. 먼저 원고 측 변호인이 소송을 제기한 이유에 대해 간단히 설명하세요.

김딴지 변호사 　존경하는 판사님, 본 재판은 피고 김춘추가 외세인 당나라를 끌어들여 백제와 고구려를 멸망시킨 것을 심판하기 위해 열렸습니다. 아시다시피 백제, 고구려, 신라 삼국은 때로는 서로 맞서 싸우고 때로는 손을 잡으며 삼국 시대를 만들어 갔습니다. 7세기에는 고구려가 온 힘을 다해 수나라와 당나라의 침입을 잇달아 물리치며 민족의 방파제 역할을 하기도 했지요. 그런데 피고는 중국의 당나라를 섬겼고, 그것도 모자라 당나라의 힘을 빌려 백제와 고구려를 멸망시켰습니다. 게다가 그 대가로 평양 이북의 땅을 당나라에 바치겠다는 비밀 약조까지 했지요.

조칙
왕의 명령을 사람들에게 알리기 위해 적은 문서입니다. 조서라고도 하지요.

폐위
폐위란 왕이나 왕비의 자리에서 쫓겨나게 되는 것을 말합니다.

판사   신라가 당나라에 비밀 약조를 했다고요? 그 내용이 현재 남아 있습니까?

김딴지 변호사   물론입니다. 『삼국사기』 문무왕 편을 보면 그 내용이 잘 나와 있지요. 당의 태종은 피고에게, "내가 지금 고구려를 치려는 것은 너희 신라가 백제와 고구려의 사이에 끼여 매번 침략을 받아 편안한 날이 없음을 가련하게 여기기 때문이다. 내가 두 나라를 평정하면 평양 이남 백제의 토지는 전부 너희 신라에게 줄 것이다"라는 조칙을 보냈습니다. 즉, 평양 이북의 땅은 당나라가 차지하겠다는 것을 뜻하지요. 이러한 신라와 당나라의 은밀한 거래 때문에 원고인 의자왕뿐만 아니라 고구려의 지배자였던 연개소문 역시 나라를 망하게 한 죄를 덮어쓴 채 그동안 비난만 받아 왔습니다.

이대로 변호사   이의 있습니다, 판사님. 원고 측 변호인은 당나라가 외국 세력이었다는 점을 강조하며 피고를 마치 우리 민족의 반역자라도 되는 듯 몰아가고 있습니다. 하지만 피고는 신라의 왕으로서 외교적인 면에서 신라의 실익을 따져 당나라와 손을 잡은 것뿐입니다.

판사   재판이 아직 본격적으로 진행된 것도 아니니 이의는 받아들이지 않겠습니다. 대신 이번에는 피고 측변호인이 피고에 대해 설명하세요.

이대로 변호사   피고는 신라 진흥왕의 증손자이자 진지왕의 손자이며 김용춘의 아들입니다. 진흥왕이 36년간 신라를 통치한 것에 비해 그의 아들 진지왕은 4년 동안 왕위에 있다가 폐위되었습니다. 더군

다나 아버지 김용춘은 왕위에 오르지도 못했지요. 즉, 피고는 몰락한 왕족이었습니다.

판사   피고가 몰락한 왕족이었다고요? 하지만 피고는 결국 왕위에 오르지 않았습니까?

이대로 변호사   네, 맞습니다. 피고는 삼국 통일이라는 대업의 기반을 닦았으며, 마침내 태종 무열왕이 되었습니다. 당시 쇠락의 길을 걷던 가문에서 권력을 회복하여 왕이 된 것을 보면, 피고가 얼마나 뛰어난 인물인지 알 수 있지 않습니까? 하하. 피고가 삼국을 통일하는 과정에서 당나라를 끌어들인 까닭과 그 정당성에 대해서는 여러 가지 역사적인 상황을 더듬을 필요가 있다고 봅니다. 판사님의 현명한 판단을 기대합니다.

판사   결국 오늘 재판의 핵심은 피고가 신라를 위해 당나라와 손을 잡은 뛰어난 외교가인가, 아니면 외국 세력을 끌어들인 매국노와 다름없는 인물인가를 판단하는 것이겠군요. 원고 측 변호인, 그렇게 봐도 되겠습니까?

김딴지 변호사   바로 그것입니다. 판사님, 피고가 삼국을 통일하는 데 눈이 멀어 당나라 군대를 끌어들이는 바람에 백제가 멸망했고, 멸망한 이후에는 다시 떠올리고 싶지도 않은 비극이 일어났습니다.

판사   그럼 본격적으로 재판을 시작해 봅시다. 먼저 백제가 멸망한 다음 무슨 일이 일어났다는 것입니까?

김딴지 변호사   백제 멸망에 대한 이야기는 원고를 불러서 직접 들어 보고 싶습니다.

판사   좋습니다. 원고는 앞으로 나와서 선서하세요.

사비성
사비성은 현재 충청남도 부여에 위치한 백제 시대의 산성입니다.

판사의 부름에 원고 의자왕이 앞으로 나왔다. 고려의 역사가 김부식을 상대로 재판을 벌인 지 얼마 지나지 않아서 조금은 피곤해 보였다. 백제가 멸망한 당시의 상황을 떠올리는 듯 의자왕의 표정이 어두웠다.

의자왕   나는 진실만을 말할 것을 맹세합니다.

김딴지 변호사   우선 자기소개를 해 주시지요.

의자왕   나는 백제의 마지막 왕, 의자왕입니다. 세상 사람들의 손가락질을 무릅쓰고 이 자리에 나온 것은 신라의 잘못을 밝히고 싶어서입니다.

김딴지 변호사   백제의 마지막 왕으로서 백제 멸망 당시의 상황을 떠올리기 힘드시겠지만, 그래도 당시의 상황이 어땠는지를 설명해 주시겠습니까?

의자왕   백제가 멸망한 지 1300년도 넘게 지났지만 여전히 그때를 떠올리면 한숨부터 나오는군요. ▶우리 백제는 660년, 신라와 당나라의 연합군에 의해 멸망했습니다. 당나라 장수 소정방은 사비성을 근거지로 삼아 약탈과 방화를 일삼았고 백성을 마음대로 짓밟았지요. 그뿐만이 아닙니다. 소, 돼지, 개, 닭 등의 동물을 모조리 잡아 배를 채워서 결국 백제 땅에는 아침이 되어도 닭 울음소리가 들리지

교과서에는

▶ 신라와 당나라의 연합군은 백제를 먼저 공격했어요. 신라의 군대는 사비성으로 진출했고, 당나라의 군대는 금강 하구 쪽으로 백제에 침입했지요. 사비성이 함락되면서 마침내 백제는 멸망하고 말았습니다. 660년의 일이었지요.

않고 저녁이 되어도 개 짖는 소리가 나지 않게 되었습니다.

김딴지 변호사　　도저히 믿어지지 않는 일이군요. 원래 승자는 패자를 감싸고 민심을 수습하는 게 일반적이라고 알고 있는데 말입니다.

의자왕　　백제가 융성할 때는 도읍 안에 백성의 가정집이 15만 2300채나 되었고, 5부(部), 37군(郡), 200성(城)으로 이루어진 나라 전체에는 76만 가구가 있었습니다. 그런데 신라와 당나라가 손을 잡

　　왜 김춘추는 당나라와 손을 잡았을까?

고 쳐들어와 닥치는 대로 군사를 풀어 약탈하니 예전의 영화는 한순간에 사라졌습니다.

　방청석에서 의자왕의 말을 듣고 있던 백제 출신 영혼들은 분노를 삭이려는 듯 주먹을 불끈 쥐었고, 몇몇은 안타까운 표정으로 눈물을 머금었다. 이들을 둘러보던 김딴지 변호사가 조용히 의자왕에게 다가가 질문했다.

김딴지 변호사　　그런데 왜 그런 비극이 발생한 것입니까? 그 비극을 막을 방도는 처음부터 없었습니까?

의자왕　　이게 모두 내가 오늘 소송을 건 김춘추의 나라, 신라 때문입니다!

김딴지 변호사　　아니, 신라가 어떻게 했기에 그렇죠?

의자왕　　한번 들어 보세요. 백제와 신라가 다투게 된 가장 큰 원인은 신라가 멋대로 한강을 차지한 것에 있었습니다. 한강은 백제의 초기 수도인 하남 위례성의 터전입니다. 말 그대로 한강은 백제가 움튼 발상지인 것이지요. 그런데 신라 진흥왕은 우리 백제의 성왕을 속이고 한강을 독차지해 버린 것도 모자라 성왕을 관산성에서 사로잡아 목을 베었습니다. 도저히 용서할 수 없는 신라의 만행에 우리 백제의 백성들은 모두 목 놓아 울었답니다. 그리고 이는 결국 끝없는 복수극으로 이어졌습니다.

김딴지 변호사　　방금 원고가 한강 지역에 대해 발언했는데, 양측에서 제출한 자료에도 한강 유역에 대한 내용이 많이 나오는군요. 삼국의 원한이 한강을 중심으로 실타래처럼 얽히고설켜 있었던 것으로 보입니다. 도대체 한강은 어떤 곳이며 왜 그처럼 중요했던 것일까요? 판사님, 한강 유역에 대한 설명은 한강을 둘러싼 전쟁으로 목숨을 잃은 백제 성왕을 증인으로 불러서 들었으면 합니다.

판사 　좋습니다. 증인은 증인석으로 나와서 선서해 주세요.

성왕의 갑작스런 등장에 의자왕은 놀라면서도 눈물이 그렁그렁한 표정으로 예를 갖추며 성왕을 맞이했다. 성왕은 위엄 있는 모습으로 증인석에 앉았다.

성왕 　나는 한국사법정에서 진실만을 말할 것을 선서합니다.

김딴지 변호사 　이번 재판에 증인으로 선뜻 나와 주셔서 정말 감사합니다. 우선 자기소개를 먼저 해 주시지요.

성왕 　나는 백제의 제26대 왕인 성왕입니다. 한때 신라와 힘을 합쳐서 한강 유역을 차지하기도 했는데, 그만 믿었던 신라에게 배신을 당해 전쟁터에서 진흥왕의 손에 죽고 말았지요. 안 그래도 직접 신라의 진흥왕을 상대로 소송을 걸어 볼까 고민하던 참에 나의 고손자인 의자왕이 신라의 김춘추에게 소송을 걸었다는 말을 들었습니다. 의자왕이 나 대신 백제의 원한을 풀어 줄 것이라 기대하며 한달음에 법정으로 달려왔습니다.

김딴지 변호사 　그랬군요! 그런데 삼국 시대의 역사를 보면 삼국이 서로 한강 유역을 차지하기 위해 다투고 있는데요. 한강은 삼국에게 어떤 의미였습니까?

성왕 ▶한강은 경기, 강원, 충청, 황해 등에 걸쳐 있어서 한반도의 절반을 적시는 젖줄이라 할 수 있습니다. 굽이굽이 흐르는 한강의 물길은 북쪽으로는 옛날 옥저와 동예의 문턱에까지 이르고, 남쪽으로는 소백산맥의 언저리까지 단번에 도달하지요. 중요한 뱃길과 육로가 한강의 나루를 두루 거치는 까닭에 한강은 마치 오늘날의 고속 도로처럼 한 나라를 움직이는 풍요의 동력이었다고 할 수 있습니다.

김딴지 변호사 그래서 한강 유역의 땅을 차지하는 것이 삼국 모두에게 중요했군요.

성왕 그렇습니다. 한강을 차지하면 그러지 못한 나라에 비해 훨씬 부유해질 수 있었으니까요. 그뿐 아니라 국경을 넘나들며 흥정하는 상인에게도 한강 유역을 차지하는 것은 매우 중요했습니다. 왜냐하면 한강에 터를 닦아 놓으면 물품을 각 지역으로 유통시키기가 편했기 때문이지요. 그래서 한강을 차지한 나라의 상인이 거드름을 피우며 높은 가격을 부르고 몇 배의 이익을 남겨도 한강을 차지하지 못한 나라의 상인은 꼼짝없이 이를 받아들일 수밖에 없었어요. 백제가 가장 힘이 컸을 때, 그리고 고구려가 세력을 뻗어 나갈 때 모두 한강을 차지했던 것처럼, 한강이야말로 누가 한반도의 주인공인지를 가려내는 일종의 잣대였습니다.

옥저와 동예
옥저와 동예는 함경도와 강원도 북부의 동해안에 위치했습니다. 이들은 고구려의 압력으로 크게 성장하지 못했고, 위치가 치우쳐 있어서 발전된 문물을 받아들일 수 없었어요. 이들은 연맹 왕국 단계에 이르지 못하고 고구려, 백제, 신라, 가야로 통합되었습니다.

교과서에는

▶ 한강 유역은 농사를 짓기에 적합한 곳입니다. 또 지리적으로 한반도의 중앙에 위치해서 다양한 지역의 문화, 인구, 물자가 모이는 곳이고, 중국과 교류하기에도 적합했어요. 백제가 일찍부터 국가 체제를 갖출 수 있었던 것도 한강이라는 기반이 있었기 때문입니다. 삼국 시대에는 한강 유역의 땅을 차지한 나라가 주도권을 차지할 수 있었답니다.

김딴지 변호사 　사정이 그렇다면 삼국은 한강 일대를 지켜 내기 위해, 혹은 빼앗기 위해 혼신의 힘을 기울였겠군요.

성왕 　두말하면 잔소리이지요. 삼국은 한강을 차지하기 위해 치열하게 싸웠습니다. 한강은 원래 백제의 땅이었습니다. 그런데 고구려에 광개토 대왕과 장수왕이라는 뛰어난 군주가 연달아 등장하면서 판도가 바뀌었습니다. 두 왕은 100년 동안 고구려를 다스렸습니다. 이때 고구려는 동북아 세력권의 중심으로 떠올랐고 장수왕은 수도를 평양으로 옮겼습니다. 해상 진출의 거점인 대동강 하구를 장악하고, 남쪽으로는 한강 유역까지 확보하려는 남진 정책을 펼친 것이지요. 고구려의 남진 정책 때문에 불안감에 휩싸인 백제와 신라는 혼인을 통해 동맹을 맺고 군사를 주고받았습니다. 433년부터 120년간 계속된 나제 동맹은 이렇게 시작된 것입니다.

김딴지 변호사 　증인과 신라 진흥왕이 손을 잡은 데에는 그런 이유가 있었군요. 그래서 나제 동맹의 결과는 성공적이었습니까?

성왕 　처음에는 성공한 것처럼 보였습니다. 백제와 신라가 한강 유역을 다시 차지했으니까요. ▶백제는 한강 하류를, 신라는 한강 상류를 각각 차지했지요. 하지만 한강 상류를 차지한 진흥왕은 갑자기 군사를 일으켜 한강 하류마저 몽땅 차지했습니다. 그런 다음 그 일대를 신라의 새로운 주, 즉 신주(新州)라 이름 붙여 단번에 신라 영토로 삼았지요.

김딴지 변호사 　신라 진흥왕이 일방적으로 백제와의 약

속을 어겼다는 말이군요. 백제와 신라는 오랫동안 동맹을 유지했는데, 증인의 배신감이 정말 컸겠습니다.

성왕   그렇습니다. 신라에 배신당한 나는 이를 악물고 복수를 다짐했습니다. 허무하게 한강을 빼앗긴 이듬해, 나는 마침내 가야와 왜의 군대를 포함한 3만 대군을 동원해 일생일대의 복수에 나섰습니다. 그런데 충청의 우거진 산골 관산성 부근에서 50명의 군사만 이끌고 태자의 진영에 가던 나는, 정찰을 나온 신라 선발대에 사로

잡혀 어처구니없이 죽게 된 것입니다. 그날은 마침 내 아들, 태자의 생일이어서 이를 축하하러 가던 중이었습니다.

김딴지 변호사   그럼 아드님의 생일 잔치도 못 보고 죽임을 당했다는 건가요? 얼마나 원통했겠습니까. 그리고 왕이 전쟁터에서 사망했으니 백제는 큰 혼란에 빠졌겠군요.

성왕   그렇지요. 백제는 한강을 송두리째 빼앗긴 데다 왕인 나까지 목숨을 잃자 풍비박산이 났습니다. 게다가 신라는 나의 시신을 백제에 돌려보내지도 않았습니다.

김딴지 변호사   아니, 그럼 어떻게 한 거죠?

성왕   신라는 나의 시신을 서라벌 궁궐의 계단 아래 묻고 여러 사람이 밟고 지나가게 했어요.

김딴지 변호사   전쟁터에도 지켜야 할 최소한의 예의가 있기 마련인데, 정말 너무하군요. 백제가 신라를 원수로 여기고 죽을힘을 다해 싸운 이유를 이제야 알겠습니다.

성왕의 증언으로 법정의 분위기가 원고 측에 유리하게 돌아가자 이대로 변호사가 다급히 일어섰다.

이대로 변호사   존경하는 판사님, 원고 측의 이야기만 들어서는 당시의 상황을 정확히 이해할 수 없습니다. 당시의 일은 당시의 상황을 가장 잘 아는 진흥왕에게 물어보는 것이 타당하다고 생각합니다. 이 자리에 진흥왕을 증인으로 불러 주실 것을 요청합니다.

판사   허락합니다. 진흥왕은 증인으로서 진실만을 말해 주십시오.

  진흥왕의 등장에 성왕은 더욱 흥분한 표정이었다. 하지만 애써 침착한 모습을 유지하며 퇴장했다. 뒤이어 진흥왕이 증인석으로 걸어 나와 한 손을 들어 증인 선서를 했다. 선서를 마치자 이대로 변호사가 신문을 시작했다.

이대로 변호사   사람들은 증인을 가리켜 신라를 튼튼한 반석 위에 올려놓은 뛰어난 군주라고 말하더군요. 그런데 증인이 신라의 발전이라는 목적을 위해 같은 민족인 백제를 배신하는 등 물불을 가리지 않았다는 지적이 있는 것 또한 사실입니다. 이에 대해선 어떻게 생각하십니까?

  이대로 변호사의 질문을 들은 진흥왕은 잠시 고뇌에 잠긴 듯 아무 말이 없었다. 순간 말할 수 없는 아픔이 한줄기 섬광처럼 진흥왕의 얼굴을 스치는 듯했다.

진흥왕   그런 비난이 있기는 합니다. 나도 인간인지라 그 부분을 생각하면 마음이 쓰라리기도 해요. 하지만 나는 신라의 군주였습니다. 무엇보다도 신라의 발전을 우선으로 생각해야 했지요.
이대로 변호사   증인이 생각하시기에 그때 신라는 어떤 어려움에 처해 있었나요?

왜 김춘추는 당나라와 손을 잡았을까?

진흥왕   내가 다스리던 당시 신라는 동서 1000리, 남북으로 2000리의 땅을 지녔다고 외쳐 왔으나, 말만 그렇지 사실은 남과 동으로는 드넓은 망망대해가 가로막고 있고 북서로는 소백산맥이 버티고 있어 깊은 어둠 속에 잠들어 있는 나라였습니다. 중국과 관계를 맺으려 해도 육지에는 고구려가, 바다에는 백제가 가로막고 있어서 마음대로 할 수가 없었지요.

이대로 변호사   그러니까 백제를 배신한 것은 백제와 고구려에 가로막힌 신라로서는 어쩔 수 없는 선택이었다는 뜻인가요?

진흥왕   맞습니다. 신라가 작은 나라를 벗어나 거대한 나라로 성장하려면 어디로든 통할 수 있는 통로가 절실히 필요했습니다. 그래서 거대한 고구려의 등에 칼을 꽂고, 동맹국인 백제의 왕을 죽인 것이지요. 이는 어쩔 수 없는 것이었습니다. 한강을 독차지한 것은 신라가 살아남기 위한 선택이었고, 지금도 그 선택에 대해서는 한 점 후회가 없습니다.

이대로 변호사   판사님, 진흥왕이 백제와 고구려를 저버린 것은 왕으로서 신라를 살리기 위한 결단이었습니다. 어떤 행동이든 당시의 시대적 상황에 맞게 판단해야 하지 않겠습니까? 현재의 잣대만 들이대면 곤란하겠지요. 이상으로 신문을 마칩니다.

2 7세기 삼국의 정세

판사   그러면 백제와 신라의 동맹이 무너지고 신라가 한강 유역을 차지한 이후 삼국의 관계는 어떻게 변했나요?

김딴지 변호사   존경하는 판사님, 백제 성왕이 한 맺힌 삶을 마치고 난 뒤 한반도에는 커다란 변화가 있었습니다. 성왕이 관산성에서 죽자, 태자는 얼마 되지 않는 군사로 겨우 신라의 포위망을 뚫었습니다. 운 좋게 살아남은 태자는 위덕왕이 되었지만, 예전 백제의 힘을 되살리기란 쉽지 않았지요. 뒤를 이은 백제 왕들은 끝없는 암투와 전쟁으로 덧없이 죽어 갔으며, 백제는 100년 동안이나 어둡고 힘든 세월을 보내야만 했습니다. 원고 의자왕의 아버지 무왕 역시 수십 차례 신라를 공격했는데, 때로는 큰 공을 세우기도 했지만 때로는 실패하기도 했습니다. 결국 살아 있는 동안 백제의 한을 다 풀지

왜 김춘추는 당나라와 손을 잡았을까?

못한 채 원고에게 뒷일을 부탁하며 세상을 떠났지요. 원고는 왕이 된 후 백제가 예전에 당한 치욕을 신라에 되갚을 책임을 느꼈던 것입니다.

판사 　내가 듣기로 원고는 태자 시절부터 해동 증자로 불릴 만큼 학문이 깊었고, 여러 차례에 걸쳐 신라와의 전쟁을 지휘하며 승리를 거두기도 했더군요. 문무를 두루 겸비한 용맹한 왕이 등장했으니 백제에는 한줄기 신선한 바람이 감돌았겠습니다. 그리고 보니 당시 고구려는 어떠했는지 궁금해집니다.

김딴지 변호사 　고구려의 당시 상황을 듣기 위해 연개소문을 증인으로 신청합니다. 사실 연개소문은 이번 재판에서 제 2의 원고라 해도 될 만큼 신라에 대한 원한이 크지요. 그런 만큼 당시의 상황을 자세하게 밝힐 수 있을 거라고 봅니다.

판사 　허락합니다. 증인은 앞으로 나와 선서하세요.

갑옷을 입은 연개소문이 등장하자 모두들 숨죽이고 바라보았다.

김딴지 변호사 　증인은 고구려에서 권력을 쥐고 있을 때 당나라와도 맞서 싸우는 등 물불을 가리지 않을 만큼 공격적이었다고 들었습니다.

연개소문 　그렇습니다. 사실 고구려는 내가 집권하기 직전에 나라의 비밀 지도까지 당나라에 스스로 갖다 바치는 등 온갖 비굴한 정

해동 증자
해동은 우리나라를 이르는 말이에요. 해동 증자는 우리나라에 있는 증자라는 뜻이지요. 증자는 중국 춘추 전국 시대의 유학자인데, 공자의 제자이며 효심이 깊은 사람이었다고 합니다.

대막리지

대막리지는 연개소문이 집권한 이후에 새로 생긴 관직입니다. 행정권과 군사권을 모두 장악한 고구려 최고의 관직이었어요.

책을 폈습니다. 부끄럽고 한심한 일이지요. 그래서 나는 이러한 잘못된 관행을 뿌리 뽑으려 했습니다. 하하하.

김딴지 변호사   대단하시군요. 그런 건 또 몰랐습니다. 그런데 고구려는 언제부터 당나라에 강경한 정책을 쓰게 된 것입니까?

연개소문   앞서 말한 것처럼 고구려 제 27대 영류왕은 당나라와 친하게 지내려 했지요. 수나라와의 전쟁을 경험했던 나는 영류왕의 정책이 마음에 들지 않았습니다. ▶나는 천리 장성을 쌓으며 당나라의 침입에 대비했는데 말입니다.

김딴지 변호사   그래서 영류왕과 증인 사이에 갈등이 있었던 것이군요.

교과서에는

▶ 고구려는 당나라의 침략에 대비하기 위해 16년 동안 천리 장성을 건설했습니다. 647년에 완성되었지요. 연개소문은 이 성이 세워지는 것을 감독했는데, 그러면서 요동 지역의 군사력을 장악해 힘을 키울 수 있었답니다.

▶▶ 연개소문은 보장왕을 왕으로 세운 후 강경한 대외 정책을 펼쳤어요. 당나라가 고구려에게 신라에 대한 공격을 멈추라고 요구했지만 이를 거부했지요.

연개소문   내가 영류왕에게 당나라와의 관계를 바로잡으라고 여러 번 건의했지만 영류왕과 측근들은 자신들의 잘못을 깨닫기는커녕 도리어 나를 없애려고 했습니다. 내가 죽는 건 두렵지 않았습니다. 다만 고구려의 앞날이 걱정이었지요. ▶▶나는 영류왕을 없애야만 고구려가 살아남을 수 있다고 여겼습니다. 그래서 영류왕과 대신들을 죽이고 보장왕을 왕위에 올렸지요. 나 스스로는 대막리지가 되어 고구려를 다스렸습니다.

판사   이야기를 들어 보니 고구려와 백제에 새로운 지배자들이 등장한 것이군요. 고구려에 대한 이야기는 다음 재판에서 더 들어 보기로 하지요. 증인은 이만 들어가도 좋

대야성
지금의 경상남도 합천입니다.

습니다. 그렇다면 당시 신라의 상황은 어떠했나요?

이대로 변호사   당시 신라는 선덕 여왕이 다스리고 있었습니다. ▶신라에는 골품 제도라는 신분제가 있어서 성골만이 왕위에 오를 수 있었는데, 성골 중 남자가 한 명도 남지 않아서 선덕 여왕이 왕위에 오른 것이지요. 선덕 여왕 시기에는 김유신, 알천 등이 전쟁터에서 활약했고, 피고는 여러 나라를 오가며 외교 활동을 펼쳤습니다.

판사   지금까지 나온 이야기를 정리해 보면 7세기 즈음에 삼국은 무척 혼란스러운 상황이었겠군요. 양측에서 제출한 자료에 의하면 백제와 신라가 대야성이라는 곳에서 크게 맞붙었다고 하는데요. 맞습니까?

김딴지 변호사   맞습니다, 판사님. 642년에 백제는 신라의 대야성을 공격했는데요. 이 이야기는 원고에게 직접 들어 보는 게 좋을 것 같습니다.

교과서에는

▶ 신라에는 골품 제도라는 독특한 신분 제도가 있었는데 그중 성골만이 왕이 될 수 있었어요. 하지만 진골인 김춘추가 태종 무열왕이 되면서 이후에는 진골 출신이 왕이 되었답니다. 일반 귀족들은 6두품 이하의 각 두품에 속했고, 3두품 아래는 평민이 되었지요.

의자왕이 천천히 일어나서 김딴지 변호사를 바라보았다.

김딴지 변호사   원고는 직접 군사를 거느리고 선덕 여왕이 다스리던 신라를 공격한 적이 있지요?

의자왕   그렇습니다. 나는 왕이 된 이후로 아버지 무왕의 오랜 원한을 풀기 위해 여러 차례 신라를 거세게 공격했습니다. 그중 첫 번째 공격이 바로 내가 즉위한 이듬해,

즉 신라 선덕 여왕 11년에 이루어졌습니다. 나는 직접 군사를 이끌고 나가 신라 서쪽 변경에 있는 40여 개의 성을 가을날 낙엽 쓸듯 휩쓸어 버렸답니다. 하하. 그리고 다시 고구려와 힘을 합쳐 신라가 당나라로 가는 통로인 당항성을 쳐서 무너지기 직전까지 몰고 갔습니다.

김딴지 변호사　당항성이라면 신라에서는 지리적으로 매우 중요한 곳이 아닌가요?

의자왕　맞습니다. 그곳은 90년 전 신라 진흥왕이 어렵게 손에 넣은 요충지였으며 신라의 숨통이기도 했습니다. 게다가 나는 장군 윤충을 보내 신라의 서쪽 요지인 대야성마저 순식간에 무너뜨려, 낙동강 서쪽의 땅이 죄다 백제의 차지가 되었습니다.

김딴지 변호사　대야성이라면 신라 서쪽을 지키는 사령부가 있는 가장 중요한 곳이었는데 어떻게 그처럼 수월하게 함락할 수 있었나요? 잘 이해가 가지 않네요.

의자왕　그게 사연이 있습니다. 당시 대야성의 도독은 품석이란 인물로, 그는 자신이 챙겨 주고 돌봐야 할 부하 검일의 아내를 탐내어 가로챘지요. 복수심에 불탄 검일은 제 발로 우리 진영으로 찾아왔고, 백제가 신라를 칠 수 있도록 몰래 도와주겠다고 나섰습니다. 그리고 그는 성안의 군량 창고에 불을 질러 백성을 불안하게 만들었지요. 결국 품석의 무능과 탐욕이 대야성과 신라에 비극을 불러왔습니다. 또 그런 품석을 대야성 도독으로 추천한 그의 장인 김춘추에게도 책임이 있을 것입니다.

당항성
지금의 경기도 화성에 있습니다.

도독
신라 시대에 각 지역의 단위인 주(州)를 다스리던 으뜸 벼슬을 말합니다.

품석, 감히 내 아내를 빼앗다니 용서할 수 없다!

김딴지 변호사   아니, 대야성이 무너지도록 만든 장본인인 품석이 피고의 사위였다는 것입니까?

의자왕   놀랍지만 그것은 명백한 사실입니다. 대야성 도독 품석은 칼 한번 제대로 휘두르지 못하고 성문을 열어 허겁지겁 항복했습니다. 그 졸장부 품석의 부인이 김춘추의 첫째 딸 고타소로, 그들 부부는 어린 아들과 함께 죽임을 당했더군요.

"그럼 뭐야, 신라의 대야성이 함락된 게 결국 신라 사람 때문이었

왜 김춘추는 당나라와 손을 잡았을까?

다는 거야?"

"의자왕이 그렇다고 하니 좀 더 들어 보자고."

이대로 변호사　판사님, 이의 있습니다. 당시의 상황을 살펴보면 고구려는 당나라와의 싸움으로 정신이 없었습니다. 그래서 백제는 다른 나라에 신경 쓸 필요 없이 자유롭게 신라를 공격할 수 있었던 것으로 보입니다. 그렇다면 대야성 함락이 과연 품석이 무능력했기 때문이겠습니까? 오히려 당시 국제 정세에 더 큰 원인이 있는 것은 아닐까요?

의자왕　흠, 글쎄요. 품석이 아니었다 해도 대야성은 백제의 손에 떨어졌을 겁니다. 우리 백제 사람들은 모두 성왕의 원통한 죽음을 가슴에 새기고 있었으니까요. 다만 상대가 품석이었기에 보다 손쉽게 대야성을 함락할 수 있었던 것은 분명합니다.

의자왕의 대답에 이대로 변호사가 안심한 듯 말을 이었다.

이대로 변호사　판사님, 그리고 배심원 여러분, 대야성의 함락이 반드시 품석과, 그를 그 자리에 세운 피고의 책임만은 아니라는 것을 기억해 주시기 바랍니다.

판사　그런데 품석의 부인이자 피고의 딸인 고타소는 피고가 김유신의 동생과 결혼하여 낳은 딸이 아니던가요?

이대로 변호사　맞습니다. 판사님, 그럼 신라가 삼국을 통일하는 데 지대한 영향을 끼친 김유신을 증인으로 불러 그에 대한 이야기를 들어 보았으면 합니다.

판사   허락합니다. 김유신의 동생과 피고가 어떻게 혼인하게 되었는지 나도 궁금하군요.

신라의 장군 김유신이 성큼성큼 증인석으로 걸어와 선서를 했다. 증인석에 앉기 전에 법정을 둘러보다가 김춘추와 눈이 마주친 김유신은 걱정 말라는 듯이 김춘추에게 눈인사를 건넸다.

이대로 변호사   이렇게 증인으로 나와 주셔서 정말 감사합니다. 우선 자기소개를 해 주시지요.

김유신   나는 신라의 장군, 김유신입니다. 금관가야 왕실의 자손으로, 우리 집안은 가야가 신라에 항복한 이후에도 신라 왕실과 사돈을 맺을 정도로 힘이 있었지요. 나의 할아버지인 김무력은 몰락한 금관가야의 왕자로서 진흥왕의 딸과 결혼했고, 아버지 김서현은 진흥왕의 동생 숙흘종의 딸과 결혼해 여러 차례 전쟁터에서 공을 세우기도 했습니다.

이대로 변호사   그럼 증인의 집안은 비록 가야 왕실 출신이지만 신라에서도 세력을 떨칠 수 있었나 보군요.

김유신   하지만 굴러 온 돌이 박힌 돌을 뽑을 순 없었습니다. 빛나는 공을 세우고 2대에 걸쳐 신라 왕실과 결혼했지만 몰락한 금관가야의 왕실이 제대로 힘을 쓸 수는 없었습니다. 가문의 영예를 이어

가려면 어떻게든 다시 신라 왕실과 혼인을 맺어야 했습니다.

이대로 변호사   그래서 증인은 여동생 문희를 김춘추와 혼인시킨 것이군요.

김유신   그렇지요. 나의 둘째 동생인 문희는 적극적인 성격에다 총명함까지 갖춘 아이였습니다. 얌전한 첫째 동생 보희와는 성격이 달랐지요. 둘의 성격을 잘 보여 주는 얘기를 하나 들려 드리지요.

▶어느 날 보희가 꿈에 오줌을 누었는데, 장안이 그 오줌에 온통 잠겼다고 합니다. 보희는 이 꿈을 망측하다고 여겼지만 문희는 행운이 깃든 꿈이 틀림없다고 생각했지요. 그래서 보희에게 비단 치마를 줄 테니 당장 그 꿈을 자신에게 팔라고 졸랐습니다. 그 꿈 덕분인지 춘추 공을 만난 건 문희였고요.

김딴지 변호사   판사님, 증인을 반대 신문 하고 싶습니다.

판사   그렇게 하세요.

김딴지 변호사는 두툼한 서류 뭉치를 한 손으로 받친 채 증인석으로 다가섰다.

김딴지 변호사   피고는 몰락한 왕손의 처지였지만 나중에는 신라 제 29대 왕이 된 인물입니다. 피고가 왕이 될 수 있었던 것은 증인 김유신의 힘이 있었기 때문이고요. 특히 증인의 동생 문희가 피고와 혼인을 맺은 것이 큰 힘이 되었겠지요. 그런데 당시 피고는 이미 혼인하여 처자가 있는

왜 김춘추는 당나라와 손을 잡았을까?

몸이었습니다. 그런데도 증인은 아끼는 여동생을 김춘추에게 시집보낸 것입니까? 증인의 동생 문희가 집안의 영광을 이어 가기 위해 희생을 한 셈이로군요.

김유신   마치 내가 나서서 이 혼인을 성사시켰다고 생각하지는 마세요. 춘추 공과 문희의 혼인은 문희가 스스로 나서서 이루어진 것입니다. 당시 신라 왕실에는 남자의 수가 손가락으로 헤아릴 수 있을 정도로 적었고, 문희 나이 또래는 더욱 드물었습니다. 이미 결혼하여 처자가 있긴 했으나, 춘추 공은 짝을 이룰 만한 가치가 있는 신랑감이었습니다.

김딴지 변호사   흠, 그런가요? 그런데 또 하나 이해되지 않는 부분이 있습니다. 증인은 누이 문희가 춘추 공의 아이를 잉태하자 가문의 수치라며 화를 냈다고 합니다. 그리고 문희를 장작더미 위에 올려놓고 불태운다며 한바탕 소동을 벌였다고 하던데요. 아무리 가문의 영광을 염두에 둔 연극이었다지만, 아이를 임신하고 있는 여자에게 너무 위험하고 가혹한 행동을 한 것으로 보입니다.

김유신   그건 모두 문희를 위한 것이었습니다. 설마 내가 친여동생을 그렇게 잔인하게 죽이려고 했겠습니까? 당시 춘추 공에게 이미 부인이 있었기 때문에 문희가 춘추 공의 부인으로 인정받기 위해서는 어떤 수라도 써야만 했지요. 그래서 선덕 여왕이 남산으로 행차하는 날을 골라 동생 문희를 불태우는 소동을 일으켰던 것입니다. 남산과 나의 집은 훤히 트여 개미가 지나는 것까지 보일 정도였지요. 그걸 계산에 넣고, 일부러 청솔가지를 골라 물을 듬뿍 적셔 연기

청솔가지
베어 낸 지 얼마 되지 않아서 아직 나무의 푸른 잎이 마르지 않은 가지를 청솔가지라고 해요.

경주 남산은 김유신이 무술을 수련한 곳입니다. 김유신은 선덕 여왕이 남산에 행차한 날을 택해 여동생 문희를 불태우는 소동을 벌였습니다.

만 뭉게뭉게 피어오르게 했을 뿐, 실제로 불길은 타오르지 않았습니다. 동생을 두고 하는 모험인데 그 어느 것 하나 섣불리 할 리 있었겠습니까?

김딴지 변호사   증인은 이후 선덕 여왕 시기 말년에 비담의 난을 진압하여 피고를 최고 권력자로 만들었고, 진덕 여왕이 후사 없이 죽자 피고를 왕으로 세웠으며, 그 대가로 증인 또한 신라 최초의 대각간이자 대장군이 되어 권력을 누렸습니다. 두 사람의 관계는 훗날 피고의 셋째 딸 지소가 증인에게 시집가면서 더 끈끈해지지요. 이런 피고와 증인의 삶은 권력을 잡기 위해서라면 무엇이라도 했을 것처럼 보입니다.

김유신　　누구든 그럴듯한 똑바른 길을 걷고 싶어 합니다. 하지만 몰락한 가야 왕족에겐 어차피 선택의 여지가 없었습니다. 그런 운명에 처하기는 폐위당한 할아버지를 둔 춘추 공 또한 나와 한 치도 다를 바가 없었고요. 몰락한 왕족인 춘추 공이나 나에겐 처음부터 정도를 선택해 걸을 여유는 주어지지 않았습니다. 전쟁이 전쟁터에만 있는 건 아닙니다. 우리에겐 하루하루의 삶 자체가 전쟁이었습니다.

김딴지 변호사　　그러면 대야성 도독 품석의 부인 고타소에 대해 다시 묻겠습니다. 그녀에게 어린 아들이 있었다는 점도 새롭습니다. 고타소란 이름도 특이하거니와 출생에 대해서도 듣고 싶네요.

김유신　　고타소라는 이름은 '옛날에 불에 기울고 무너질 뻔한 아이'라는 뜻입니다. 춘추 공의 아이를 임신한 채로 장작더미 위에 섰던 문희가 목숨을 건져 낳은 뱃속의 아이가 고타소였던 것이지요. 고타소의 죽음을 전해 듣던 날 먼 하늘을 바라보며 혼자 말없이 눈물을 삼키던 춘추 공의 모습이 아직도 뇌리에서 떠나질 않습니다. 친조카를 잃은 나의 슬픔 역시 달과 해가 바뀌어도 지워지지 않을 정도였습니다.

　　김유신이 자신의 조카이자 김춘추의 딸인 고타소의 죽음에 대해 증언하자 법정이 숙연해졌다. 그때의 감정이 떠오르는지 피고인 김춘추의 얼굴에도 그늘이 졌다.

판사　　분위기가 갑자기 무거워졌군요. 시간도 많이 지났으니 오늘 재판은 이것으로 마치는 것이 좋겠습니다. 오늘 하지 못한 이야기는 다음 재판에서 마저 하도록 하지요. 모두 수고하셨습니다.

땅, 땅, 땅!

왜 김춘추는 당나라와 손을 잡았을까?

다알지 기자

안녕하세요, 시청자 여러분. 역사공화국
법정 뉴스의 다알지 기자입니다. 오늘 한국사
법정에서는 의자왕 대 김춘추의 첫 번째 재판이
벌어졌습니다. 이번 재판은 백제의 마지막 왕인 의자왕과 고구려의 집
권자였던 연개소문이 삼국을 통일한 김춘추에게 책임을 묻는 자리인
만큼, 그간 삼국 사이에 벌어졌던 다툼과 전쟁이 주요 내용으로 등장
했습니다. 증인으로 나온 백제 성왕은 신라 진흥왕에게 배신당해 한강
유역의 땅을 빼앗기고 목숨을 잃었다고 증언했고, 진흥왕은 신라가 살
기 위해서는 어쩔 수 없는 선택이었다고 항변했습니다. 백제가 신라의
대야성을 빼앗은 일에 대해서 의자왕은 김춘추의 사위 품석이 잘못한
것이므로 김춘추에게도 책임이 있다고 주장했지요. 한편, 증인으로 나
온 김유신은 자신의 동생 문희와 김춘추가 혼인한 이야기를 전부 밝혀
눈길을 끌었습니다. 그럼 이번 재판의 원고 의자왕과 증인 김유신을
모시고 이야기를 들어 보겠습니다.

의자왕

신라는 내가 집권하기 전부터 우리 백제의 원수
였지요. 신라가 동맹을 맺은 백제를 배신했으니까요. 한
강 주위의 땅은 삼국 모두 탐내는 곳인데, 신라의 배신으로 백제는 그
땅을 빼앗기게 되었답니다. 나는 신라에게 복수해야겠다고 다짐하고
집권 직후에 신라의 대야성을 비롯한 여러 성을 함락시켰지요. 그때 김
춘추의 사위인 품석이 잘못을 저지르는 바람에 더 쉽게 대야성을 함락
시킬 수 있었어요. 백제가 신라의 대야성을 빼앗았던 것처럼, 나의 고
조할아버지인 성왕 때부터 쌓인 신라에 대한 백제의 원한을 이번 재판
에서 풀었으면 좋겠습니다.

김유신

　춘추 공이 소송을 당했다는 이야기를 듣고 내
가 힘이 되기 위해 증인으로 참석했습니다. 나는 내 여
동생 문희를 춘추 공과 혼인시켰지요. 아끼는 여동생을 아무에게나 시
집보내겠습니까? 춘추 공이 그만큼 뛰어난 인물이라는 뜻이지요. 그
리고 춘추 공과 나는 닮은 점이 많았습니다. 폐위당한 진지왕의 손자
인 춘추 공도, 몰락한 가야의 왕족 출신인 나도, 모두 가문을 일으키
기 위해 어떤 노력이든 해야 했으니까요. 그리고 우리 둘은 삼국을 통
일해야겠다는 열정도 매우 컸지요. 아무쪼록 이번 재판에서 춘추 공이
꼭 이기기를 바랍니다.

김춘추가 살던 신라는
어떤 유물을 남겼나?

김춘추는 왕의 자리를 굳건하게 하고자 했고, 다른 나라와 교류하는 것을 망설이지 않았습니다. 이런 김춘추가 살던 삼국 시대의 신라, 그리고 김춘추가 만들고자 했던 통일 신라 때는 어떤 유물이 사용되었는지 살펴보며 신라의 숨결을 느껴 볼 수 있습니다.

유리그릇

신라를 비롯한 삼국은 주변 국가인 중국, 일본 등과 밀접한 관계를 맺어 서로 영향을 주고받았습니다. 특히 수·당으로 이어지는 중국의 영향을 많이 받았는데요, 오른쪽 사진의 유리그릇은 중국을 넘어 다른 지역과도 교류가 있었음을 보여 줍니다. 왜냐하면 이 유리그릇들은 지중해 주변이나 서아시아 지방에서 출토되는 것과 형태 또는 제작 방법이 비슷하기 때문입니다.

금관

화려한 황금 문화를 꽃피운 나라답게 신라는 금으로 된 유물이 많이
남아 있습니다. 그중 금으로 만든 금관은 왕의 힘과 권위를 상징하
는 것으로, 사진 속의 유물은 신라의 것입니다. 나뭇가지 모양과 사
슴뿔 모양 장식을 토대로 곱은옥 등을 붙여 장식한 것이 특징이지
요. 금관은 실생활에서는 사용되지 않은 의례용으로 무덤 속에서 출
토되었습니다. 우리나라 국보 191호로 지정되어 보호되고 있지요.

십이지상

죽은 사람을 매장하는 무덤의 방식은 나라나 시대에 따라 크고 작은 차이를 보입니다. 신라는 7세기 전후에 돌로 방을 만드는 형태인 돌방무덤을 적극 수용하였습니다. 특히 무덤 주변에 둘레돌을 돌려 쌓았으며, 이것이 십이지상이 새겨진 판석으로 발전하게 되었지요. 사진 속 유물은 경상북도 경주에 있는 김유신 장군의 무덤에서 나온 것으로 전해지는 십이지상입니다. 김유신은 김춘추와 함께 신라가 삼국을 통일하는 데 앞장 선 인물이지요.

토용

나당 연합을 맺어 삼국을 통일한 신라는 당과 활발히 교류하면서 새로운 외래 문물을 적극 수용하였습니다. 자연스레 당의 외교사절단이나 상인들도 통일 신라에 들어오게 되었는데, 이러한 변화는 당시 유물에도 고스란히 남게 되었지요. 사진 속 유물은 경상북도 경주 용강동 돌방무덤에서 나온 토용으로 흙으로 빚은 인물상입니다. 그런데 자세히 보면 당나라 복식의 영향을 받은 문관이나 여인의 모습을 찾아볼 수 있지요. 이는 통일 신라가 당과 밀접한 교류를 했음을 보여 주는 직접적인 증거이기도 합니다.

출처: 국립중앙박물관(www.museum.go.kr)

왜 김춘추는 외교에 나섰을까?

1. 김춘추는 어떻게 외교를 펼쳤을까?
2. 김춘추는 외교를 위해 어떤 노력을 기울였을까?

1

김춘추는 어떻게
외교를 펼쳤을까?

한국사법정 306호는 재판을 보러 온 영혼들로 가득 차 있었다. 일찌감치 법정에 도착해 방청석에 자리를 잡고 앉은 방청객들은 첫 번째 재판의 내용에 대해 이야기하고 있었다. 무능한 품석의 행동이며, 김춘추의 딸 고타소가 죽임을 당한 일이 방청객들의 입에 연신 오르내렸다.

"지난번 재판을 보고 나니 전쟁은 남자들만의 일이 아니라는 생각이 들었어. 남자들이 벌인 전쟁에 죽어 나가는 것은 아이들과 여자들이잖아. 고타소와 어린 아들만 놓고 봐도 그렇지."

"그 와중에 딸을 잃은 김춘추는 마음의 상처를 크게 입었을 거야."

시끄럽던 법정은 판사가 들어오면서 일순간에 조용해졌다.

판사 원고 의자왕과 피고 김춘추의 두 번째 재판을 시작하겠습니다. 오늘 재판에서는 피고가 벌인 외교 활동에 대해 중점적으로 이야기해 봅시다. 원고 측과 피고 측, 어느 쪽부터 시작하겠습니까?

김딴지 변호사 제가 먼저 시작하겠습니다, 판사님. 지난 재판에서 이야기되었듯이 피고는 백제와의 싸움인 대야성 전투에서 딸 고타소를 잃었습니다. 딸을 잃은 피고는 복수심에 불타 고구려를 찾아갑니다. 존경하는 판사님, 당시의 상황을 살펴보기 위해 이 자리에 김유신을 다시 증인으로 불러 주십시오.

판사 허락합니다. 증인 김유신은 증인석으로 나오세요.

김딴지 변호사 기록을 보니, 증인의 조카 고타소가 죽었다는 소식을 듣고 피고는 하루 종일 기둥에 기댄 채, 눈도 깜박이지 않고 사람이 눈앞을 지나가도 알아차리지 못했다고 되어 있더군요. 그런데 피고는 이후에 스스로 원하여 신라의 사신 자격으로 고구려로 떠났다는데, 이것이 사실입니까?

김유신 그렇습니다. 나는 그때 춘추 공을 고구려 국경 지대까지 배웅했고, 그곳에서 우리는 서로 손가락을 깨물어 피를 나눠 마시고 생사를 함께할 것을 맹세했지요. 고구려에 사신으로 간다는 것은 당시로서는 그만큼 위험한 일이었습니다. 하지만 춘추 공은 신라의 앞날을 위해 그런 위험을 마다하지 않았어요.

김딴지 변호사 증인은 피고가 신라를 위해 고구려에 갔다고 증언했는데요. 그런데 피고가 고구려로 간 것에는 다른 이유가 있지 않나요?

김유신   다른 이유라니요?

김딴지 변호사   당시 신라에는 장수가 싸우지 않고 적에게 항복하면 항복한 자는 참수형에 처해지고 가족은 노비가 된다는 법률이 있었습니다. 피고는 이런 처벌을 피하기 위해 고구려로 간 것이 아닙니까? 자신이 대야성 도독으로 세운 품석이 신라를 위기에 빠뜨렸으니까요.

이대로 변호사   판사님, 이의 있습니다. 지금 원고 측 변호인은 피고가 고구려로 떠난 이유를 추측하여 마음대로 왜곡하고 있습니다. 저에게 증인 김유신을 신문할 기회를 주십시오.

판사   이의를 받아들입니다. 원고 측 변호인은 추측성 발언을 삼가기 바랍니다. 피고 측에서 증인을 신문하세요.

이대로 변호사   감사합니다. 증인에게 묻겠습니다. 피고가 고구려로 떠난 진짜 이유는 무엇입니까?

김유신   ▶당시 백제는 오랜 시간에 걸쳐 신라를 압박하고 괴롭혔습니다. 신라로서는 그런 상황을 해결할 돌파구가 반드시 필요했고, 그래서 춘추 공은 고구려의 새로운 권력자인 연개소문과 담판을 짓기 위해 위험을 무릅쓰고 고구려로 떠난 것입니다.

이대로 변호사   증인은 고구려에 사신으로 가는 것이 매우 위험한 일이라고 증언했는데요. 그 이유는 무엇입니까?

김유신   고구려는 백제와 손을 잡고 있었기 때문입니다. 지난날 진흥왕이 신라의 세력을 넓힐 때 한강은 물론 함경

도까지 차지한 터라 고구려는 신라에 묵은 원한이 있었습니다. 더구나 10여 년 전에는 나와 나의 부친 김서현 장군, 춘추 공의 아버지 김용춘 장군이 함께 고구려의 **낭비성**을 공격해 고구려군 5000여 명을 죽이고 그곳을 차지했습니다. 고구려 입장에서는 전쟁을 일으킨 당사자들이 모두 춘추 공의 가족들이니 앙금이 쉽사리 지워질 리 없다고 생각했습니다. 춘추 공은 그야말로 원수의 아들이요, 원수의 사위요, 원수의 벗인 셈이었습니다. 백제 의자왕이 고타소를 죽여 성왕의 원한을 갚았듯, 고구려는 춘추 공을 죽여 낭비성 함락에 대한 분풀이를 할지도 모르니까요.

이대로 변호사   말씀대로라면, 피고는 죽을지도 모를 길을 스스로 찾아 떠난 셈이군요. 오로지 연개소문과 정치적 담판을 짓겠다는 일념으로 말입니다. 고구려에 찾아간 피고는 어떤 요청을 했습니까?

김유신   춘추 공은 연개소문을 만나러 고구려의 수도 평양까지 들어갔어요. 그리고 백제를 물리칠 군사를 빌려 달라고 청했습니다.

이대로 변호사   연개소문이 그 청을 들어주었습니까?

김유신   연개소문은 진흥왕이 빼앗아 간 **마현·죽령** 위의 북쪽 땅을 돌려 달라고 요구했습니다. 그러면 신라에 대한 백제의 위협을 덜어 주고 대야성 일대를 되찾아 주겠다고 말했지요. 고구려가 동맹국인 백제를 배신하고 신라를 돕기 위해서는 그 정도 대가는 받아야 한다고 판단한 것입니다.

낭비성
지금의 충청북도 청원입니다.

마현, 죽령
『삼국사기』「신라 본기」선덕왕 편에선 죽령 서쪽의 땅만, 같은 책 「열전」김유신 편에는 마목현, 죽령이 언급되어 있어요. 마목현은 대략 조선 시대에 마골점으로 불린 지금의 문경 하늘재 부근으로 보입니다. 죽령은 지금 충북 단양과 경북 영주를 가르는 고개를 가리키고요. 결국 고구려가 요구한 영토는 남한강 상류의 끝단에서 물길을 타고 한강 하류에 이르는 땅에 해당합니다.

이대로 변호사   고구려가 제시한 조건은 신라가 받아들일 만한 것이었나요?

김유신   물론 아니지요. 그 땅은 남한강 이북에서 한강 하류에 걸쳐 있어서, 신라에겐 하나 남은 생명줄이나 다름없었습니다. 진흥왕 때부터 필사적인 노력을 기울여 얻은 땅을 죄다 고구려에 돌려준다는 것은 다시 신라가 한반도 아래쪽에서 교통로를 잃고 숨죽이며 지내야 한다는 것을 말합니다. 국토의 절반 이상을 내놓으라는 조건은 터무니없는 것으로, 그것은 우리더러 신라를 내놓으라는 말과 같았습니다.

이대로 변호사   보십시오. 고구려는 신라에 무리하게 땅을 내놓으라고 협박했습니다.

이때 김딴지 변호사가 다급히 몸을 일으켜 앞으로 나섰다.

김딴지 변호사   판사님, 저도 증인에게 물어볼 것이 있습니다.

판사   좋습니다. 원고 측 변호인이 신문하세요.

김딴지 변호사   피고는 고구려로 떠나면서 증인을 압량주의 군주로 임명했더군요. 그리하여 증인은 그곳에서 사병을 키우고, 피고의 고구려 탈출을 돕겠다며 북쪽으로 진격했습니다. 피고가 당시 고구려를 어떻게 탈출하게 되었는지 그 과정을 진술해 주십시오.

김유신   춘추 공은 평양에 감금당했습니다. 외교관을 감금하는 건 드문 일인데도, 고구려는 자신의 요청을 들어주지 않는다는 이유만

으로 한 나라의 대신에게 못할 짓을 한 셈입니다. 마침 선도해라는 인물이 춘추 공에게 비단 300필을 받고는 그 고마움의 표시로 '토끼와 거북' 이야기를 넌지시 해 주었습니다. 토끼가 뭍에 올라 간을 가져오겠다고 거짓말을 한 것과 같이, 김춘추도 고구려의 요구 조건을 신라의 여왕에게 고하겠다고 거짓 약조하고 고구려 땅에서 벗어나라는 것이었지요. 춘추 공은 물론 이를 따랐고요.

김딴지 변호사　판사님, 그리고 배심원 여러분, 방금 들은 것처럼 피고는 잔꾀를 써서 고구려를 탈출했습니다. 지난날 신라의 이익을 위해 백제 성왕과의 약속을 헌신짝처럼 버린 피고의 할아버지 진흥왕처럼 거짓말까지 하고 말입니다. 고구려에 가져간 비단 300필도 자신의 목숨을 구하는 일에 써 버렸습니다. 거기다가 김유신은 피고를 구한다며 멋대로 병사까지 동원했습니다. 신라를 위기에서 구하겠다며 고구려로 떠난 피고로 인해 신라는 더욱 위기에 빠지게 된 셈이지요. 이후 화가 난 고구려와 백제는 신라의 변경을 침략했고, 신라는 결국 당나라에 매달릴 수밖에 없었습니다.

판사　피고는 간신히 죽음의 위기를 넘겨 고구려에서 신라로 돌아오고 나서 3년 뒤 다시 왜와의 외교에 나섰다고 들었는데요. 내가 알기로 당시 왜는 백제와 긴밀한 동맹 관계를 맺고 있었고 신라를 정벌하기 위해 군사를 키우던 적국이었습니다. 한 차례 목숨을 잃을 뻔했던 처지로서는 몸을 한껏 움츠리기 마련인데, 피고는 무슨 이유로 고

　왜 김춘추는 당나라와 손을 잡았을까?

김춘추를 살린
'토끼와 거북' 이야기

옛날, 용왕님의 딸이 큰 병에 걸렸습니다. 의원은 토끼의 간을 얻어 약을 지어야만 치료를 할 수 있다고 말했지요. 그러자 거북이가 용왕님에게 "제가 토끼의 간을 얻어 오겠습니다"라고 말하고 육지로 나왔습니다. 육지에 올라온 거북이는 토끼를 만나 말했어요.

"토끼야, 바닷속에는 섬이 하나 있는데, 그곳은 샘이 맑고 수풀은 무성하고 과일은 맛이 좋고 춥지도 덥지도 않고 매와 송골매도 없단다. 만약 네가 그 섬에 간다면 아무 걱정 없이 편하게 살 수 있을 거야."

거북이의 말을 들은 토끼는 솔깃해져서 거북이를 따라나섰지요. 토끼를 등에 업고 바다를 헤엄쳐 가던 거북이는 그제야 토끼에게 사실을 말했습니다.

"사실은 용왕님의 따님이 병에 걸렸는데 토끼의 간을 먹어야만 살 수 있대."

그 말을 들은 토끼가 거북이에게 말했습니다.

"거북아, 나는 몸속에 있는 장기를 꺼낼 수 있는데, 지난번에 간과 심장을 꺼내어 씻어서 바위에 널어놓았어. 나는 간이 없어도 살 수 있으니 너에게 그 간을 줄게. 간을 가지러 다시 땅으로 돌아가자."

토끼의 말을 들은 거북이는 토끼를 믿고 다시 육지로 돌아갔지만, 토끼는 도착하자마자 "어리석은 거북아, 세상에 누가 간 없이 살 수 있겠니?"라고 말하곤 도망을 쳤답니다.

구려보다 더욱 위험한 왜로 다시금 걸음을 옮겼는지 궁금하군요.

김딴지 변호사   존경하는 판사님, 배심원 여러분, 피고는 여러 나라와 수많은 외교를 벌였으나 언제나 마지막엔 제자리였습니다. 별다른 소득도 얻지 못한 채 말입니다. 왜와 외교 활동을 벌인 것도 마찬가지였지요. 이와 관련하여 지금부터 피고에게 질문하는 것을 허락해 주십시오.

판사   허락합니다. 피고는 앞으로 나오세요.

김딴지 변호사   피고는 무슨 까닭으로 왜에 간 것입니까?

김춘추   고구려와 마찬가지로, 왜는 백제와 연결된 나라였습니다. 우리 신라의 적이라 봐도 되지요. 하지만 나는 왜를 통해 백제의 자세한 사정을 알 수 있다고 생각했어요. 그런 점에서 왜는 백제의 든든한 힘이 아니라 약점이 될 수도 있었습니다. 무엇보다 고구려와 백제, 왜를 모르고 삼국을 통일할 수는 없었기에 떠난 것입니다.

김딴지 변호사   그래도 백제의 동맹국인 왜에 간다는 것은 너무 무모한 행동이라고 생각하지 않았나요?

김춘추   내가 왜로 가기 직전에 왜에 큰 정변이 일어났는데 그것도 하나의 계기가 됐습니다. 오랜 기간 백제와 손잡고 권력을 누리던 소아가 집안이 몰살되고 수도마저 아스카에서 난파(지금의 오사카)로 옮겨졌다더군요. 바다의 도시, 물의 도시라 불리는 도시로 말입니다. 그런 터라, 왜의 상황을 우리 신라에 유리하게 이용할 수도 있겠다고 판단했습니다.

김딴지 변호사   하지만 피고의 믿음과는 달리 고구려에 이어 왜에

서조차 피고의 외교는 철저히 실패했지요. 게다가 피고는 인질로 붙
잡혀 있었다던데, 신라를 대표하는 외교 사절로서 망신스러운 일 아
닙니까? 피고가 너무 경솔하게 행동한 것이 아닌지요?

김춘추　　외교는 언제나 목숨을 잃을지도 모르는 위험을 무릅쓰며
하는 것입니다. 그러한 신념이 없으면서 감히 외교를 하겠다고 나서
면 안 되지요. 전쟁이 다른 사람들과 힘을 합쳐 적에 대항하는 것이
라면, 외교는 적의 심장부에 들어가서 홀로 싸우는 것입니다. 창칼
이 아니라 말과 머리로 말입니다. 김 변호사는 그동안의 나의 외교

가 완전한 실패였다고 말하지만 내 생각은 조금 다릅니다. 고구려와 왜의 힘, 움직임을 제대로 가늠하지 못했다면, 이후 당나라에 갔을 때 태종을 단번에 설득할 수도, 동맹을 성사시킬 수도 없었을 겁니다. 힘이 약한 신라가 삼국을 통일할 수 있었던 건 모두 이런 노력의 결실이었던 셈이지요.

김춘추의 말이 끝나자 이대로 변호사가 신문을 요청하고 나섰다. 판사의 허락을 받은 이대로 변호사는 김춘추에게 질문을 시작했다.

이대로 변호사   말씀을 들어 보니 피고는 고구려의 새로운 집권자 연개소문을 만난 것처럼 왜의 새로운 집권자를 만나 상황을 살펴보고 의견을 맞춰 보려 하셨군요. 1000리 뱃길에 죽을 수도 있는 위험을 돌아보지 않고 말입니다.

김춘추   내 삶에서 편안한 외교는 처음부터 존재하지 않았습니다. 내가 찾아간 나라는 모두 우리 신라와 적이었거나 하나같이 신라를 외면해 온 나라였습니다.

이대로 변호사   ▶648년 12월, 왜에서 돌아온 피고는 다시 한 번 한겨울 눈보라를 뚫고 이번에는 당나라로 향했다고 들었습니다. 차디찬 한파 속에서 장장 5000리가 넘는 먼 길을 첩첩이 깔린 고구려의 위협을 헤치고 지나야 했지요. 이렇게 당나라와의 외교 역시 험난한 여정이었습니다. 그런데 피고는 위험한 고구려와 왜를 먼저 찾고 당나라를 가장 나중에 찾아갔습니다. 보통 사람이라면 상대적으로 안전한 당나라를 먼저 찾아갔을 듯한데, 이 대목은 도무지 이해가 되지 않습니다.

김춘추 이게 바로 내가 삼국 통일에 큰 공을 세울 수 있었던 비결이기도 하지요. 사람은 다 각자의 생각이 있습니다. 나는 고구려와 왜의 생각을 직접 파악하여 밑그림이 그려질 때까지 기다렸던 겁니다. 그러지 않고 당나라 태종을 만났던들 통일을 위한 속 깊은 얘기가 오가기 어려웠을 것입니다.

이때 김딴지 변호사가 할 말이 많다는 듯 다시 끼어들었다.

김딴지 변호사 피고는 방금 통일이라는 말씀을 하셨는데요. 피고의 행동을 두고 어떤 이는 고구려라는 여우를 몰아내려고 당나라라는 호랑이를 끌어들인 우를 범했다고도 하고, 또 어떤 이는 씻을 수 없는 역사의 흉터를 후세에 남기게 되었다고도 비판합니다. 신채호 선생은 「독사신론」에서 피고가 당나라를 끌어들인 것을 두고 이렇게 통탄했습니다. "다른 종족을 끌어들여 같은 종족을 멸망시키는 것은 도적을 불러들여 형제를 죽이는 것과 다를 바 없는 것이다. 이는 삼척동자라도 알 수 있는 바이거늘, 슬프도다. 우리나라 역사가여! 이를 아는 자가 매우 적구나. 콩을 콩대를 태워 삶으니 콩이 가마솥에서 우는구나." 이에 대해 어떻게 생각하십니까?

김춘추 흠, 그런 비난도 있을 수 있다고 봅니다. 하지만 제 생각은

「독사신론」
독립운동가이자 역사학자인 신채호가 〈대한매일신보〉에 연재한 논설입니다. 신채호는 이 논설에서 왕조 중심의 역사 서술을 벗어나 민족 중심으로 역사를 서술했지요.

좀 달라요. 고조선이 멸망한 이래 이 땅엔 여러 나라가 나타났습니다. 이 나라들은 같은 뿌리에서 나왔지만, 이후 단 한 번도 통일된 적이 없었어요. 하나의 민족이란 혈육의 정은 아예 없었고요. 삼국이 서로를 같은 민족이라 여겼다면 과연 피비린내 나는 전쟁의 역사가 계속되었을까요? 삼국은 서로를 물리쳐야 할 대상이나 잠시 이용할 대상으로만 생각했습니다. 자기의 이익을 위해 중국이나 왜와도 손잡았습니다. 백제는 하루빨리 고구려를 정벌해 달라고 수나라에 편지를 보냈고, 당나라가 고구려를 공격할 때는 갑옷과 식량을 보내기까지 했습니다. 고구려도 둘로 나뉜 중국의 북조, 남조 모두와 손잡은 적이 있습니다. 그런데 신라만 연합할 곳을 찾지 말라는 법이 있나요? 분명히 말하건대 신라는 백제, 고구려는 물론이고 당나라의 편도 아니었습니다. 통일 이후 수년간 당나라와 창을 겨누며 싸운 사실을 보면 이를 알 수 있을 겁니다.

김딴지 변호사   하지만 당시 신라는 약소국이고 당나라는 강대국이었습니다. 두 나라 사이의 대등한 외교란 누가 봐도 처음부터 불가능한 것이었습니다. 다시 말해, 신라는 당나라의 도움을 받는 대신 적지 않은 값을 치러야 했던 겁니다. 그래서인지 피고는 후에 문무왕이 되는 자신의 어린 아들을 당나라 장안에 볼모로 남겼고, 당나라의 복식과 연호를 따르며 대동강 이북의 땅을 내준다는 약속을 하는 등 굴욕적인 외교를 폈습니다. 신라와 당나라의 동맹은 한마디로 민족의 자주성을 버린 굴욕적인 동맹이었습니다.

김춘추   동맹과 약속이 이루어지려면 믿음을 먼저 주어야 합니다.

왜 김춘추는 당나라와 손을 잡았을까?

그리고 겉으로 당나라의 형식을 따른다고 해서 우리 신라의 주체성을 버렸다고 볼 수는 없습니다. 주체성이 그런 것이라면 요즘 지상 세계의 한국 사람들은 왜 서양 옷을 입고 서양 학문을 배우고 서양 물건을 사용하며 서양 사람과 거래를 하는 것입니까?

김춘추의 말에 머쓱해진 김딴지 변호사가 잠시 할 말을 잃은 사이 이대로 변호사가 다시 앞으로 나섰다.

이대로 변호사　이의 있습니다. 만약 신라가 당나라와 연합하지 않았다면 어땠을까요? 신라는 멸망할 수밖에 없는 상황이었습니다. 더 이상 도움을 요청할 곳은 없었으니까요. 또, 외교란 주고받는 것입니다. 주는 것 없이 받을 수는 없습니다. 피고의 외교는 막다른 궁지에 몰린 신라가 선택할 수 있는 최선이자 최후의 길이었습니다. 피고에게 묻겠습니다. 피고가 당나라에 다녀온 뒤에도 당나라와의 협상은 난관이 많았더군요. 무슨 까닭이 있었습니까?

김춘추　당태종을 만난 지 1년 만에 당태종이 갑자기 죽고 고종이 즉위했습니다. 죽음을 무릅쓰며 벌인 험난한 외교의 결실이 갑자기 물거품이 된 것처럼 보였지요. 무릇 사람이 바뀌면 외교도 바뀌는 법이기에, 이제 당나라와의 외교는 새로운 제왕과 새롭게 시작해야 할 시점에 처했다고 봤습니다.

김딴지 변호사　그래서 피고는 진덕 여왕에게 〈태평송〉을 짓게 하여 맏이 법민을 시켜 당고종에게 바쳤군요. 당고종이 크게 기뻐하며 신라와 사이좋게 지낼 것이니 안심하라는 회답을 보내왔고요. 자국의 왕인 진덕 여왕에게 그런 일을 시켰다는 점에서 신라가 당나라에 얼마나 몸을 낮추었을지가 훤히 보입니다.

이대로 변호사　　피고가 맏이 법민을 당나라에 보낸 것은 고종의 즉위로 변할지도 모를 당나라의 외교 방향을 의식했던 것입니다. 피고로서는 당나라와의 외교 관계를 굳건하게 이어 나가야만 했을 것이고요. 그런 적극적인 움직임을 취하지 않았다면 당나라와 동맹을 이어 가긴 어려웠을 것이고, 신라는 결국 백제와 고구려의 공격을 견디지 못하고 멸망했을 것입니다.

신라와 당나라의 전쟁

신라가 삼국을 통일한 후 670년부터 676년 사이에 벌어진 신라와 당나라의 싸움입니다. 백제와 고구려를 멸망시킨 후 당나라는 백제 땅에는 웅진 도독부, 고구려 땅에는 안동 도호부를 두어 지배하려고 했지요. 또 신라에도 계림 도독부를 두어서 한반도를 완전히 지배하려고 했습니다. 그러자 신라는 당나라에 대항하여 싸우기 시작했어요. 고구려와 백제의 유민들도 신라와 적극적으로 연합하여 당나라와 전쟁을 벌였지요.

당나라 또한 신라에 대한 공격을 멈추지 않았습니다. 심지어 당나라는 674년에 신라의 문무왕 대신 문무왕의 동생을 신라의 왕으로 임명하기도 했어요. 이에 신라는 더 적극적으로 당나라와 싸워서 676년에 결국 당나라 군대를 한반도에서 몰아냈어요. 이 전쟁에서 이기면서 신라는 대동강에서 원산만까지를 경계로 하는 땅을 차지하게 되었습니다.

왜 김춘추는 당나라와 손을 잡았을까?

당나라의 태평을 찬양하는
<태평송>

위대한 당나라 황업을 열었으니 높고 높은 황제의 앞길 번창하여라.

전쟁을 끝내 천하를 평정하고, 학문을 닦아 100세대에 이어지리라.

하늘의 뜻 받드니 은혜의 비 내리고 땅의 만물 다스려 빛나는 이치 얻었네.

어짊은 깊고 깊어 해·달과 어울리고, 시운도 따라오니 언제나 태평하네.

큰 깃발 작은 깃발 저리도 빛나며, 징 소리 북소리 어찌 저리 쟁쟁한가?

바깥 지역의 오랑캐들 황제의 명령 거역하면 하늘의 재앙으로 멸망하리라.

시골이나 도시나 풍속이 순박하고, 멀리서 가까이서 좋은 일 다투어 일어나네.

빛나고 밝은 조화 사계절과 어울리고, 해와 달과 다섯 별이 온 사방을 도는구나.

산신의 뜻으로 재상이 보필하고, 황제는 충신 인재를 믿으시니,

삼황과 오제의 덕이 하나가 되어 당나라를 밝게 비출 것이다.

2

김춘추는 외교를 위해
어떤 노력을 기울였을까?

판사   원고 측 변호인과 피고 측 변호인이 동시에 신문하니 피고가 정신이 없겠군요. 앞으로는 한쪽에서만 원고, 피고와 증인을 신문하세요. 그럼 지금부터는 피고가 펼친 외교가 개인의 욕심을 채우기 위한 것인지, 아니면 나라를 구하기 위한 결단이었는지 알아보도록 합시다.

김딴지 변호사   그럼 제가 피고에게 다시 질문하겠습니다. 피고는 654년에 왕위에 오르자마자 자신의 아들들에게 높은 벼슬을 주었더군요. 게다가 그동안 힘이 되어 준 김유신까지 제쳐 두고 맏아들 법민에게 병부령 자리를 주었고요.

김춘추   그 모두는 내가 물러난 뒤의 후계자 서열을 확실히 정해 놓아서 훗날 다툼이 일어나는 것을 막고자 함이었습니다. 당나라와

왜 김춘추는 당나라와 손을 잡았을까?

왜, 고구려와 백제에선 모두 다음 왕위를 둘러싸고 피비린내 나는 싸움이 있었습니다. 김유신에게는 딸 지소를 시집보내 갈등을 원만하게 풀었습니다.

김딴지 변호사   피고가 태종 무열왕으로 즉위한 직후 고구려, 백제, 말갈이 공격해 오자 국경 지방의 33개 성이 모두 함락당하는 일이 일어났더군요. 33개나 되는 성이 한꺼번에 함락당했다는 것은 이들이 격렬하게 저항하지 않았다는 것이고, 결국 이것은 피고와 변방의 성주들 사이에 갈등이 있었다는 것을 뜻합니다. 피고는 외교에만 신경 쓰느라 정작 신라 내부의 상황은 제대로 파악하지 못하고 있었던 것은 아니었나요?

김춘추   일부 귀족들과 불화가 있었던 것은 사실입니다. 하지만 왕권을 강화하고 나라를 결속시키려면 그들을 제어하고 개혁해야만 했습니다. 모두가 찬성하는 개혁이란 있을 수 없습니다.

김딴지 변호사   피고는 백제를 멸망시키기를 원했습니다. 그런데 그것이 과연 신라를 구하기 위한 사명감 때문이었을까요? 백제를 정복하고 나서 피고는 가장 먼저 검일을 처형했습니다. 피고가 얼마나 딸의 죽음에 대해 복수하고 싶어 했는지를 알게 하는 대목입니다. 또, 백제를 정복한 것을 기념하는 연회에서 피고는 의자왕을 누각의 계단 아래 꿇어앉게 했고 피고의 아

경상북도 경주시 서악동에 있는 태종 무열왕릉

왜 김춘추는 당나라와 손을 잡았을까?

들 김법민은 의자왕의 아들 부여융에게 침을 뱉었습니다. 이 모두는 피고가 개인적인 복수심에 불타고 있었다는 증거입니다.

김춘추   나는 성인이 아닙니다. 왕이기 전에 한 가족을 거느린 인간이기도 합니다. 백제를 함락하는 데 너무나 큰 희생이 있었습니다. 나의 가족 중 큰딸 내외, 둘째 사위, 또 김유신의 동생 김흠순의 아들 반굴 등이 처참하게 죽었습니다. 어떤 식으로든 그들을 위한 복수를 하고 싶었고, 군대의 사기를 위해서도 최소한의 복수는 필요했습니다. 그리고 결국 이것이 신라를 위한 일이기도 했고요.

김딴지 변호사   통일 이후 백제와 고구려 유민은 신라에 제대로 통합되지 못했습니다. 신라는 고구려와 백제 유민을 신라 사람과 똑같이 생각하지 않고 정복자와 피정복민의 관계에서만 바라보았습니다. 그 결과 고구려와 백제 유민은 신라에서 차별을 받았지요. 신라는 삼국을 겉으로만 통일했을 뿐이었어요. 분명한 차별과 모순이 삼국을 여전히 갈라놓고 있었습니다. 훗날 궁예와 견훤이 민중의 폭발적 지지를 얻으며 고구려와 백제의 부흥에 성공한 것도 그런 까닭에서입니다.

이대로 변호사   지금 원고 측 변호인은 피고가 사망한 661년 이후의 일까지 들먹이며 피고를 비난하고 있습니다. 그리고 고구려와 백제 유민이 차별을 받았다는 근거가 있습니까?

김딴지 변호사   고구려와 백제 출신의 관리들이 신라에서 얼마나

궁예와 견훤
신라 말기의 사회는 매우 혼란스러웠어요. 그 혼란을 틈타 궁예는 후고구려를, 견훤은 후백제를 세웠습니다. 그리고 후삼국 시대가 시작되었어요.

높은 관직까지 올라갈 수 있었는지를 살펴보면, 두 나라의 유민이 차별을 받았다는 걸 쉽게 알 수 있습니다. 고구려의 관리는 신라의 관등 중 일곱 번째로 높은 일길찬부터 열다섯 번째 관등인 대오까지 오를 수 있었는데, 이는 신라의 골품 제도상 6두품에서 4두품에 해당합니다. 즉, 고구려 출신은 6두품까지 오를 수 있었지요. 백제의 경우, 백제에서 두 번째로 높은 관등이었던 달솔이 신라의 열 번째 관등으로 떨어지게 됩니다. 이는 5두품에 해당하니, 백제의 관리는 신라에서 5두품밖에 될 수 없었다는 뜻이지요.

이대로 변호사　　아…… 아니, 지금 그게 중요한 것이 아니지 않습니까? 통일을 위한 김춘추의 노력이 중요한 것이지요. 판사님, 통일을 위한 피고의 노력이 자신의 이익이나 가족의 복수를 위한 것이었는지, 아니면 국가와 백성을 위한 것이었는지는 피고의 가족들을 살펴보면 알 수 있습니다.

판사　　피고의 가족들이라고요?

이대로 변호사　　네. 피고의 가족들은 백제나 고구려 집권자의 가족들과는 다른 삶을 살았지요. 이를 증명하기 위해 연개소문의 큰아들 남생을 증인으로 신청합니다. 존경하는 판사님! 허락해 주십시오.

판사가 허락하자 남생이 증인석으로 천천히 걸어 나왔다. 연개소문의 큰아들이었던 그는, 두 동생 남건, 남산이 쿠데타를 일으켜 평양성을 차지하고 자신의 아들마저 죽이자 끓어오르는 복수심을 주체하지 못하고 당나라에 항복하여 당나라 군사를 평양성으로 인도

한 장본인이었다.

골육상쟁
글자 그대로 풀이하면 뼈와 살이
서로 싸운다는 뜻으로, 부모나
형제 등 가까운 친족끼리 다투는
것을 말합니다.

이대로 변호사　　증인은 아버지 연개소문이 죽은 후 666년에 권력 분쟁에 휘말려 들었지요?

남생　　▶내가 지방을 돌아다니며 백성을 살피는 사이에 두 동생 남건, 남산이 쿠데타를 일으켰습니다. 그들은 나를 죽이는 데 실패하자 내 아들 헌충을 죽였습니다. 그들의 잔인한 행위에 나는 눈물조차 말랐지요. 그리고 반드시 그들에게 복수하리라 다짐했습니다.

이대로 변호사　　형제들 사이의 권력 다툼이 돌이킬 수 없는 골육상쟁으로 번진 순간이군요. 형제들은 아버지 연개소문의 무덤의 흙이 채 마르기도 전에, 외적을 막아야 할 군사들을 동원해 권력 쟁취와 사사로운 복수심을 내세워 싸웠습니다. 고구려의 적은 고구려가 되고 말았지요. 이후 증인은 당나라에 항복해 고구려를 공격하는 군대의 길잡이가 되었는데, 그럴 수밖에 없었던 피치 못할 사정이 있었나요?

남생　　당나라에 간 건 목숨을 잃지 않기 위한 선택이었어요.

이대로 변호사　　당나라 고종은 증인에게 당나라 벼슬을 주어 고구려 공격을 이끌게 했습니다. 죽을힘을 다해 외적을 막아도 부족한 판에, 고구려의 최고 집권자였던 증인은 처참한 골육상쟁의 아픔을 당한 뒤 하루아침에 자기 나라를 공격하는 데 앞장서게 된 것이지요. 그 때문에 이전엔

교과서에는

▶ 연개소문이 죽은 후 고구려에는 지배층 사이에 권력 싸움이 벌어졌어요. 게다가 고구려는 끊임없이 전쟁을 치르며 국력이 많이 약해졌지요. 결국 나당 연합군의 공격을 받고 668년에 고구려는 멸망하고 말았습니다.

철옹성처럼 뚫리지 않던 랴호허 강의 방어선이 급격히 무너지고 말았습니다. 또한 증인은 당나라 군사를 평양 도성까지 안내하고 군대를 이끈 뒤에는 평양성을 지키던 신성이란 승려와 고요묘라는 왕족과 몰래 연락하여 성문을 열게 하였지요?

거침없이 말을 잇던 이대로 변호사가 잠시 숨을 고르며 법정을 둘러보았다.

이대로 변호사   존경하는 판사님, 배심원 여러분, 고구려의 영광은 찬란했을지 모르나 마지막은 비참했습니다. 고구려인이 적군을 인도했고, 고구려인의 손에 의해 성문이 열렸습니다. 그것도 당대 집권자의 아들이자 한때 고구려를 이끌던 자리에 있던 인물이 고구려를 멸망시킨 주역이 된 것입니다. 이는 그 당시 고구려 내정이 얼마나 혼란스러웠고 지도층의 국가관이 흔들리고 있었던가를 보여 줍니다.

이대로 변호사가 말하는 동안 남생은 침울한 얼굴로 고개를 숙이고 있었다.

이대로 변호사   당나라가 100만에 가까운 군사를 동원한 이 전쟁에서 고구려의 군인들은 당나라에 밀리지 않도록 목숨을 걸고 버텼지만 연개소문의 가족들은 오히려 나라를 망쳤습니다. 설사 수십만의 강한 군대가 랴오허 강을 철통같이 지킨들, 고구려의 내부 분열까지

막아 낼 수는 없었지요. 연개소문의 동생 연정토는 조카들의 싸움을 조정해야 할 삼촌으로서의 역할을 포기한 채 신라에 항복했습니다. 이런 상황에서 고구려가 어떻게 버틸 수 있었겠습니까?

이대로 변호사의 변론이 쏟아지자 이를 막아야겠다는 생각에 김 딴지 변호사가 일어나 이의를 제기했다.

김딴지 변호사 이의 있습니다. 지금 피고 측 변호인은 증인을 인격 적으로 모독하고 있습니다. 신문을 중단할 것을 요청합니다.
판사 중요한 내용이니만큼 더 들어 보면 좋을 것 같습니다. 피고 측 변호인은 계속 진행하세요.
이대로 변호사 당시 당나라와 10여 년에 걸친 전쟁을 치른 후라 고 구려의 내부 상황은 매우 안 좋았습니다. 농사를 제대로 지을 수 없 었을 뿐만 아니라 재해가 겹쳐 백성들은 밥도 제대로 못 먹었습니 다. 게다가 설연타, 돌궐, 거란을 비롯한 북방의 여러 종족들이 당나 라에 의해 차례차례 망했습니다. 왜는 철저히 중립을 지켰지요. 즉, 당나라를 견제해 줄 고구려의 우호 세력이 모두 사라진 상태였습니 다. 게다가 신라는 당나라 군대에 식량을 보급하고 있었지요. 그러 나 이런 것들은 고구려가 멸망한 직접적인 이유가 될 수는 없습니 다.
판사 그렇다면 고구려가 멸망한 직접적인 원인은 무엇인가요?
이대로 변호사 당시 당고종은 고구려와의 전쟁에서 계속 패배하면

 왜 김춘추는 당나라와 손을 잡았을까?

서 고구려를 정벌하려고 마음을 다잡던 중이었습니다. 당나라에 항복한 남생이 고구려를 공격할 것을 거듭 요청했지만 당나라는 계속 출정을 망설였지요. 그리고 이윽고 고구려를 공격할 때 당나라는 100만이나 되는 엄청난 수의 군사를 동원했습니다. 그만큼 고구려는 당나라에게 어려운 상대였습니다. 아마 형제 간의 갈등과 분열이 없었다면 고구려는 10세기에 거란이 일어나기까지 200여 년간, 아니 더 오래 남아 있었을 겁니다.

방청객들은 숨을 죽이고 이대로 변호사의 말에 귀를 기울였다. 방청석을 훑어본 이대로 변호사는 원고 의자왕을 쳐다보며 말을 이었다.

이대로 변호사　백제 역시 재난이 끊이지 않아 민심이 흉흉했습니다. 그리고 불행한 미래를 암시하는 안 좋은 징조들이 계속 나타났지요. 왕궁에 여러 마리의 여우가 들어왔고, 그중 한 마리인 흰여우는 좌평의 책상에 올라앉았지요. 태자궁에서는 암탉이 참새와 짝짓기하고, 궁중의 느티나무가 마치 사람처럼 울었습니다. 긴 머리를 늘어뜨린 시체가 생초진에 떠올랐는데 길이가 열여덟 자에 달했습니다. 어떤 때는 귀신이 왕궁에 들어와서 "백제는 망하리라, 백제는 망하리라" 하고 부르짖고는 땅속으로 들어가 버리기도 하였습니다. 이처럼 백제에는 멸망의 징조가 계속 나타났지요.

이대로 변호사의 말을 듣던 의자왕이 고개를 절레절레 흔들며 혼

잣말을 했다.

"지난 재판에서 그것은 모두 **천명사상** 때문이라고 그렇
게 얘기했거늘……."

김딴지 변호사도 이의를 제기하고 나섰다.

김딴지 변호사　피고 측 변호인이 방금 이야기한 내용은
모두 천명사상 때문에 잘못 기록된 것입니다. 판사님, 피
고 측 변호인의 발언을 중단시켜 주십시오.

판사　당시 상황을 정확하게 이해하기 위해서는 주변 정
황을 자세히 아는 것이 필요합니다. 피고 측 변호인은 계
속 발언하십시오.

이대로 변호사　감사합니다. 백제에 이상한 일이 계속 일
어나는 것은 훗날 백제가 멸망하게 되리라는 걸 강렬히 암시하는 메
시지였습니다. 의자왕은 자신의 아들 41명을 모두 좌평으로 삼아 전
국의 **식읍**을 주었습니다. 졸지에 권력을 잃은 귀족들은 분개했지요.
그래서 백제의 200여 개의 성은 백제의 운명이 걸린 **황산벌 전투**가
벌어졌을 때 별다른 저항을 하지 않았습니다. 당나라 군사가 약탈을
시작하자 비로소 저항했지요. 백제가 무너지는 순간에도 귀족과 백
성이 일어나지 않았다는 것은 당시 백제 사람들의 마음이 의자왕과
아들들에게서 이미 떠났다는 것을 뜻합니다. 금강 하구를 막는 위기
의 순간, 도성을 지키는 최후의 결전에서 1만의 군사와 백성, 계백과
5000 군사들이 모두 죽을 때 41명에 이르는 의자왕의 아들들이 함

께했다는 기록은 없습니다. 오히려 왕자 효, 태, 융은 왕위에 욕심을 부렸고, 융과 효의 아들은 적에게 항복하려고까지 했습니다.

이대로 변호사가 의자왕을 계속 비판하자 김딴지 변호사는 자리를 박차고 일어서서 격앙된 목소리로 외쳤다.

김딴지 변호사　　피고 측 변호인은 자꾸 원고와 그의 아들들을 비판하는데, 그럼 642년 피고의 사위 품석이 대야성을 백제에 내주고 스스로 항복한 사실은 어떻게 설명할 겁니까?

이대로 변호사　　품석의 잘못된 행동이 원고나 연개소문의 아들들의 경우와 크게 다르지 않다는 건 인정합니다. 그러나 피고의 외교 성과는 품석의 잘못을 덮을 만큼 대단한 것이었지요. 게다가 피고의 가족들은 삼국 통일을 위해 희생하고 헌신했습니다. 품석의 허물을 덮을 만한 피고의 외교, 일가의 희생과 헌신이 뒤따른 것이지요. 피고의 아들 법민(문무왕)은 아버지를 따라 어렵고 힘든 외교 시도를 마다하지 않았습니다. 당시 열 살을 갓 넘긴 피고의 아들 문왕 역시 아버지 대신 인질이 되기 위해 차디찬 눈비를 맞으며 당나라 수도 장안까지 갔습니다. 자식을 이처럼 험한 길로 내모는 경우는 드물지 않겠습니까?

김딴지 변호사　　흠, 글쎄요. 그건 아버지가 아들을 잘 만난 덕이겠지요. 아버지 덕분에 아들이 훌륭하다고는 말할 수 없습니다.

이대로 변호사　　그뿐만이 아닙니다. 피고의 둘째 사위 김흠운은 왕

왜 김춘추는 당나라와 손을 잡았을까?

의 사위임에도 백제와의 전투에 직접 나갔습니다. 그는 말을 타지 않았고 군졸들과 함께 한뎃잠을 잤으며, 손수 군량을 짊어지고 행군 했습니다. 그리고 살길을 찾아 후퇴하는 대신 백제군에 끝까지 맞섰고 아낌없이 목숨을 바쳤습니다. 피고의 맏아들 김법민은 뒷날 문무왕이 되었는데, 죽으면서 신라를 지키는 동해의 용이 되겠다며 자신의 뼈를 동해에 뿌리게 했습니다.

판사 피고의 가족들이 모두 삼국의 통일을 위해 애썼다니 흥미롭군요. 다른 가족들은 어땠는지 좀 더 설명해 주겠습니까?

이대로 변호사 피고의 둘째 딸은 남편 김흠운이 전쟁터에 나갔을 때 임신한 상태였어요. 뱃속의 아이를 위해서라도 남편이 전쟁터에 나가는 것을 막고 싶었을 텐데 그녀는 그러지 않았지요. 결국 남편이 전쟁터에서 죽자 그녀는 남편 없이 혼자 딸아이를 낳았습니다. 그 딸이 뒷날 신문왕의 비가 됩니다. 셋째 딸 지소는 아버지와 김유신의 틈을 메워 통일 전쟁을 마무리 지으려고 예순을 훌쩍 넘긴 김유신에게 출가했습니다. 아무리 나라를 사랑하는 마음이 깊다고 해도 이런 일을 쉽게 실천하긴 어렵지 않겠습니까?

이대로 변호사의 말에 방청석에 앉아 있던 몇몇 영혼들이 동의하는 듯이 고개를 끄덕였다.

이대로 변호사 지소는 줄줄이 여섯 아들을 두었는데, 그중 한 아들인 원술이 당나라와의 싸움에서 패하고 돌아오자 아들을 받아들이지 않았어요. 요즘 자신의 아들을 병역에서 빼내려 온갖 편법을 동원하는 부패한 지배층과는 질적으로 다르지 않습니까?

판사   피고의 가족들이 죽음을 두려워하지 않고 나라의 일을 개인의 행복보다 우선했다는 말씀이군요.

이대로 변호사   그들 중 누구도 그때의 기준으로나 오늘날의 기준으로나 행복한 삶을 살았다고 평가하긴 어렵습니다. 이들 모두는 나라를 다스리는 지배층으로서 모범을 보였다고 할 것입니다. 윗물이 맑아야 아랫물이 맑다는 말처럼, 권력은 누리는 것이 아니라 희생하는 것임을 보여 주었습니다. 이러한 위정자, 그리고 그 일가의 솔선수범은 그 시대는 물론 이후의 우리 역사에서 유례가 없습니다. 통일의 힘은 신라 지배 계층의 살아 있는 정신에서 나왔고, 이 점에서 신라가 고구려, 백제와 본질적으로 달랐다는 사실이 증명됩니다.

판사   원고와 피고의 가족들에 대한 이야기는 나중에 판결을 내릴 때 참고하겠습니다. 오늘 재판은 이쯤에서 마치도록 하지요. 못다 한 이야기는 다음 재판에서 듣겠습니다.

땅, 땅, 땅!

왜 김춘추는 당나라와 손을 잡았을까?

죽어서도 신라를 지킨 문무왕

동해에 있는 대왕암

신라 제30대 왕 문무왕은 아버지 태종 무열왕의 뒤를 이어 고구려를 멸망시키고 삼국을 통일했습니다. 그리고 죽은 후에도 나라를 지키기 위해 이런 유언을 남겼다고 해요.

"운명이 다하면 이름만 남는 것은 예나 지금이나 마찬가지이니 홀연 죽음의 어두운 길로 되돌아간들 무슨 여한이 있으랴! 헛되이 사람을 수고롭게 하지 말고, 내가 숨을 거둔 열흘 후 바깥 뜰 창고 앞에서 나의 시체를 화장하라. 내가 죽어 동해의 용이 되어 나라를 구하리라. 백성들에게 이 뜻을 널리 알게 하라. 다음 왕이 이를 시행하라!"

이 유언에 따라 사람들은 문무왕을 화장하여 동해에 뿌린 후 큰 바위에서 장례를 치렀습니다. 그 바위는 대왕암, 혹은 문무왕릉이라고 불리게 되었습니다. 현재 경상북도 경주시 양북면 앞바다에 자리하고 있지요.

다알지 기자

오늘도 저는 어김없이 한국사법정 앞에 나와 있습니다. 오늘은 의자왕 대 김춘추의 재판 둘째 날이었는데요. 날이 갈수록 재판의 열기가 뜨거워지고 있습니다. 오늘 재판에서는 지난 재판 때도 나왔던 김유신과 고구려 연개소문의 아들 남생이 증인으로 나왔지요. 김춘추가 삼국을 통일하기 전에 벌인 외교 활동에 대한 이야기가 자세하게 오갔습니다. 재판 내용에 따르면 김춘추는 백제를 물리칠 군사를 요청하기 위해 고구려 연개소문을 찾아가기도 했고, 바다 건너 왜에까지 찾아갔습니다. 그리고 결국 당나라와의 외교에 성공하여 나당 연합군을 결성하게 되었지요. 한편 오늘 재판에서는 원고와 피고, 그리고 증인 연개소문의 가족들이 나라를 위해 어떤 행동을 했는가에 대해 논쟁이 벌어지기도 했는데요. 김딴지 변호사와 이대로 변호사에게 자세한 이야기를 들어보도록 하지요.

김딴지 변호사

다들 피고 김춘추를 외교의 달인이라고 하지
만 사실 피고는 외교를 뛰어나게 잘하지 않았어요.
오히려 실패한 예가 더 많았지요. 고구려를 찾아간 것만 봐도 이를 잘
알 수 있습니다. 고구려에 군사를 빌려 달라고 요청하러 찾아갔지만
성공하기는커녕 오히려 옥에 갇히게 되었잖아요. 게다가 가져간 비단
300필도 자신의 목숨을 구하기 위해 써 버렸고요. 이건 신라를 위하는
일이 아니라 오히려 신라에 해가 되는 일이지요. 왜에 갔을 때도 보기
좋게 실패하고 말았고요. 대체 누가 피고를 외교의 달인이라고 부르는
건지 모르겠습니다.

이대로 변호사

　　김춘추는 언제나 위험을 무릅쓰고 적국에 뛰어들었지요. 때로는 목숨이 위태로울 수 있었지만 절대 두려워하지 않았어요. 이건 김춘추의 가족들 역시 마찬가지입니다. 김춘추의 아들은 열 살의 어린 나이임에도 눈비를 맞으며 인질이 되기 위해 당나라로 향했습니다. 김춘추의 둘째 사위는 직접 전쟁터에 나가서 병사들과 똑같이 먹고 잠자고 싸움을 했지요. 그의 딸들 역시 삼국 통일이라는 큰 뜻을 이루기 위해 희생하고 헌신했습니다. 그런데 백제와 고구려는 어땠습니까? 의자왕의 아들 중 그 누가 백제를 지키기 위해 목숨을 걸었나요? 연개소문의 아들들은 권력을 차지하려고 서로 싸우기에 바빴습니다. 신라가 삼국을 통일한 이유가 바로 여기에 있지 않을까요?

　　왜 김춘추는 당나라와 손을 잡았을까?

신라의 삼국 통일을 어떻게 평가해야 할까?

1. 고구려 영토를 잃어버린 것이 김춘추의 잘못일까?
2. 백제와 고구려의 멸망은 누구의 책임일까?

1

고구려 영토를 잃어버린 것이 김춘추의 잘못일까?

백제의 의자왕과 신라의 김춘추가 벌이는 재판 셋째 날, 오늘이 마지막 재판이라는 소문에 한국사법정은 전보다 더 많은 사람들로 북적였다. 이번 소송의 핵심인 신라의 삼국 통일에 대한 평가가 이루어진다고 하니 더욱 들썩이는 분위기였다. 다들 긴장한 표정으로 자리한 가운데 정역사 판사가 재판의 시작을 알렸다.

판사   이제부터 원고 의자왕 대 피고 김춘추의 재판을 시작하겠습니다. 간단히 상황을 짚어 보면, 660년 백제가 멸망한 이듬해에 피고는 죽었고, 뒤를 이은 문무왕이 당나라와 연합하여 고구려를 공격했습니다. 결국 동북아시아를 호령하던 고구려도 나당 연합군의 공격으로 668년에 멸망했습니다. 이후 신라는 무려 8년에 걸쳐 당나라를

왜 김춘추는 당나라와 손을 잡았을까?

물리치고 676년에 마침내 통일을 이룩했습니다. 지금부터 본 법정은 피고 김춘추가 과연 삼국을 통일로 이끈 진정한 영웅인지, 아니면 고구려 대륙의 땅을 상실한 씻을 수 없는 죄를 지은 반역자인지를 논의하려 합니다. 먼저 원고 측 변호인부터 시작하시지요.

김딴지 변호사 ▶피고가 외세인 당나라를 끌어들여 통일을 이룬 일은 우리 역사에서 가장 아쉬운 점입니다. 그리고 고구려를 정복하는 과정에서는 북방의 영토를 잃어버렸지요. 한마디로 영혼을 팔아 작은 이득을 얻은 셈입니다. 신채호 선생도 「독사신론」에서 삼국 통일을 부정한 바 있습니다. "고구려가 멸망하여 발해가 되고 백제가 멸망하여 신라에 병합되었으니, 이것은 세 나라가 합하여 두 나라가 된 시대다"라고 쓰셨지요. 곧 3국의 통일이 아닌 2국의 통일을 말씀하신 것입니다.

이대로 변호사 중국과 경쟁했던 큰 나라 고구려와 남북으로 쪼개진 현재를 비교하면 할수록 과거의 영광은 더 크게 보일 것입니다. 그리고 그럴수록 신라에 비난의 화살이 집중되기 마련입니다. 언뜻 보기에는 신라가 외세인 당나라의 힘을 빌려 고구려를 멸망시킨 것이 가장 큰 문제인 것 같습니다. 신라가 고구려 영토를 잃어 현재 우리나라의 땅이 작아졌다는 주장이 있다는 것도 잘 알고 있고요. 하지만 현재의 잣대를 가지고 과거의 일을 무턱대고 판단하는 것은 옳지 않습니다. 당나라가 삼켰다고 말한 고구려 지역은 불과 30년 뒤 발해로 떨어져 나갔거든요. 후대의 당나라 제왕들은 더 이상 이

교과서에는

▶ 신라가 당나라의 도움을 얻어 삼국을 통일한 것과 대동강 이남의 땅만 차지한 것은 삼국 통일의 아쉬운 점입니다. 하지만 신라의 삼국 통일은 우리 민족 최초로 통일을 이루어 냈다는 면에서 큰 의미가 있습니다.

지역을 지배하거나 정복하려는 헛된 만용과 오기를 부리지 않았습니다. 당나라가 고구려 땅을 지배한 건 고작 30년이었습니다.

당나라가 고구려 땅을 지배한 기간이 30년뿐이었다는 이대로 변호사의 지적에 방청객들이 고개를 끄덕였다.

이대로 변호사　　저도 신채호 선생의 말을 인용해 보겠습니다. 역시 「독사신론」에서 신채호 선생은 당시의 일을 이렇게 평가했습니다.

"발해가 멸망하자 압록강 서쪽의 토지가 거란, 몽고 등 다른 민족에게 넘어가서 우리 단군 조선의 옛 영토의 반을 지금까지 900여 년 동안 잃어버렸다. 아! 고려 태조가 우리나라를 통일하였다 하며 조선 또한 우리나라를 통일하였다고 하나, 이것은 반쪽짜리 통일이요 전체적인 통일은 아니다."

김딴지 변호사　국제 관계에서는 처음이 중요합니다. 전통이 전통을 낳고 과거가 현재를 낳는 법이니까요. 맨 처음 고구려 땅을 잃어버린 장본인은 신라입니다.

이대로 변호사　고구려가 망한 지 정확히 30년 뒤 발해가 옛 고구려의 땅을 다 차지합니다. 그런데 발해가 망한 뒤 그 땅은 우리 손에서 영영 멀어졌고, 이후 조선 왕조를 지나 현재에 이르기까지 말로만 우리 땅이라 외칠 뿐입니다. 여러 말 할 것 없고, 대륙을 잃어버린 그 죄와 책임은 누구에게 있을까요?

김딴지 변호사　뻔뻔한 변명을 하고 계시는군요. 그렇다면 대륙을 잃어버린 책임이 피고 김춘추에게 있지 않다는 겁니까?

이대로 변호사　대부분의 원인은 고려의 집권자 왕건에게 있습니다. ▶왕건이 꾸준히 북진 정책을 펼치며 고구려, 발해 땅을 되찾으려 했다고 하지만, 그가 죽으면서 후대의 왕들에게 남긴 「훈요십조」엔 발해 영토를 회복하란 말은 단 한 줄도 없습니다. 왕건이 바란 땅은 압록강 너머 대륙이 아니라 대동강에서 청천강까지였을 뿐입니다. 그 목표 또한 지극히 개인적 차원이었습니다. 호족에게 모든 권리를 줘 버린 처지라, 자신이 차지할 주인 없는 새 땅이 필요했던 것일 뿐이지요.

김딴지 변호사 발해와 고려는 서로 혼인을 맺은 사이였어요. 그리고 고려를 너무 깎아내리는 발언은 받아들일 수 없습니다. 판사님, 피고 측 변호인의 발언을 중단시켜 주십시오.

판사 대륙 땅의 상실과 왕건의 행동에 대해서는 보다 자세하게 알아보아야 할 듯합니다. 고구려 땅의 대부분이 발해로 계승되었다면, 발해 멸망 이후 대륙의 땅을 잃게 된 까닭을 알아야겠지요. 피고 측 변호인은 계속 이야기하세요.

이대로 변호사 발해가 거란에 의해 멸망당하던 순간, 왕건은 발해의 구원 요청에 철저히 침묵을 지켰습니다. 거란의 거센 말발굽에서 발해를 구원하여 발해 땅을 확보할 법도 하련만, 왕건은 조금도 움직이지 않았습니다.

김딴지 변호사 사람은 자신이 보고 싶은 것만 본다는 말이 생각나는군요. 있지도 않은 기록을 가지고 멋대로 이야기를 지어 말하면 안 된다는 걸 말해 두고 싶습니다.

이대로 변호사 제 말을 못 믿으시니 기록에 나온 걸 토대로 내용을 차근차근 정리해 드리겠습니다. 925년 9월 1일, 그러니까 가을 무렵의 일입니다. 발해의 장군 신덕 등이 수백 명을 이끌고 고려로 내려오자 고려는 이들을 받아들였지요. 나흘 뒤 발해의 지배층이 수백 가구를 거느리고 고려로 오자 이들을 또다시 받아들였습니다. 당시는 발해에 전쟁의 기운이 감돌던 때였습니다. 거란의 군대가 발해를

『요사』
거란의 역사책으로 발해의 멸망
이 기록된 공식적인 사서입니다.
이 책에 "2월 20일에 고려, 예맥,
철려, 갈습 등이 와서 조공했다"
라고 적혀 있어서, 왕건이 거란에
게 축하 사절을 보냈다는 사실을
알 수 있어요.

공격하기 위해 거란 땅을 출발한 것은 925년 12월 17일, 따라서 신덕 등이 발해 땅을 떠날 당시인 925년 9월 1일은 발해가 멸망하기 전이었습니다. 목숨 걸고 국경을 지켜야 할 발해의 장군들을 받아들였으니, 고려는 발해를 멸망으로 몰고 간 또 다른 주역인 셈입니다.

김딴지 변호사   발해가 거란에 의해 멸망한 건 누구나 아는 사실입니다. 그런데 지금 이대로 변호사는 엉뚱한 사실을 끌어들여 피고의 죄를 피해 가려 하고 있습니다.

이대로 변호사   과연 제 말이 이상한 논리에 불과한 것일까요? 거란의 역사책 『요사』를 보면 거란이 발해를 멸망시켰을 때 왕건은 제일 먼저 거란에 축하 사절을 보내기도 했습니다. 발해가 멸망한 때는 윤 2월 5일인데, 거란의 승리를 축하하는 왕건의 사절은 윤 2월 20일에 발해의 수도인 상경 용천부에 도착했습니다. 발해가 멸망한 지 보름 만에 왕건의 사신이 상경 용천부에 도착했던 것입니다. 그렇다면 이동 시간을 고려할 때, 발해가 위기에 처한 순간 왕건은 이미 발해 멸망을 예상하고 축하 사절을 보냈다는 말이 됩니다. 고려 왕조에서 왜 발해 역사를 단 한 줄도 남기지 않았는지, 이것으로 충분히 설명되지 않습니까?

이대로 변호사는 웅성거리는 방청석을 획 둘러본 다음, 피고석에 앉아 있는 김춘추에게 다가가 자신 있게 질문했다.

이대로 변호사   피고에게 묻겠습니다. 만일 신라가 고구려 땅을 다 차지했다면 현재 한국이 과연 그 땅을 지켰을 것이라고 보십니까?

김춘추   현실적인 얘기를 해 드리겠습니다. 요, 금, 원, 명, 청과 같은 중국 역대 왕조는 모두 옛 고구려 땅을 지배했습니다. 신라가 아닌 고구려가 삼국을 통일했다 해도 대륙의 땅이 고스란히 지금 한국 땅이 되었을까요? 신라가 고구려 땅을 차지했다면 그 땅이 지금껏 지켜졌을까요? 고려와 조선이 그 땅을 과연 지켜 낼 수 있었을지 의문이 아닐 수 없습니다.

이대로 변호사   피고가 삶을 마감한 후 우리 역사에선 단 한 명의 왕도 피고처럼 치열하게 적국을 살펴보고 외교력을 키운 예가 없었습니다. 그런 상황에서 우리가 만약 대륙의 땅을 계속 지배했다면 중국이나 러시아 등 거대 왕조의 끊임없는 공격에 결국 가진 땅을 모두 잃어버렸을 것입니다.

백제와 고구려의 멸망은
누구의 책임일까?

판사 　잘 들었습니다. 그럼 지금부터는 백제와 고구려의 마지막을 이끌었던 원고 의자왕과 증인 연개소문의 이념과 삶의 방식이 어떠했는지 알아보도록 합시다. 먼저 피고 측에서 원고를 신문하세요.

이대로 변호사 　원고에게 묻겠습니다. 원고는 집권 초기에 날랜 군사를 거느리고 신라의 여러 성들을 빼앗고 대야성을 무너뜨려 신라의 숨통을 죄었을 만큼 빼어난 군주였습니다. 기록에 따르면 백제는 고구려보다 8만여 호나 많은 인구를 가지고 있을 만큼 대국이었고, 황산벌에서는 계백이 거느린 5000명의 군사가 5만 명의 신라 군사와 네 번 싸워 모두 이길 만큼 군사적으로 강한 나라이기도 했지요.

의자왕 　맞습니다. 백제에는 비옥한 영토와 충성심으로 무장한 군사가 있었지요. 김춘추만 아니었다면 오랫동안 번영을 누렸을 겁니다.

이대로 변호사　과연 그랬을까요? 여기서 원고가 41명의 아들 모두에게 좌평의 벼슬과 식읍을 준 것은 더 이상 문제 삼지 않겠습니다. 하지만 원고는 나라의 요새에 대한 사전 지식이 없었습니다. 또 원고의 신하 성충은 때를 보아 지친 당나라 군사를 공격하고 길목을 지키며 시간을 벌자고 건의했지요. 하지만 원고는 이를 받아들이지 않았습니다. 옳고 그른 전략을 분별할 판단력이 흐려진 것이지요. 이는 원고가 그간의 세월을 어떻게 보냈는지를 짐작하게 합니다. 나라를 지키는 데 정신을 집중해도 모자랄 판에 왕이 흥청망청 놀기나 했으니 백제가 버틸 수 있었겠습니까? 결국 모든 잘못은 고스란히 원고의 몫이라 할 수 있습니다.

의자왕　▶그 부분은 김부식이란 자가 『삼국사기』를 저술하며 신라의 시각으로 백제 말기를 묘사한 것에 불과합니다. 게다가 후대로 가면서 내가 3000궁녀를 거느렸다는 소문까지 돌았지요. 하지만 사비성을 직접 걸어 보십시오. 그 많은 궁녀를 둘 전각이 어디 있습니까? 모든 게 과장되고 왜곡되었어요.

이대로 변호사　저는 백제의 마지막 순간을 눈여겨보고 싶은데요. 만약 원고가 성충의 말을 귀 기울여 들었다면, 지방 세력과 고구려, 왜의 지원을 받아 상황을 바꿀 수 있는 가능성이 충분히 있었습니다. 충성심으로 무장한 우수한 군인, 풍부한 물산, 그리고 외적을 방어하기에 좋은 자연 조건을 갖추고도 병법의 기본인 시간과 자기 관리에 원고가 잇달아 실패함으로써 백제가 멸망하고 만 것입니다.

교과서에는

▶ 고려는 고구려 계승 의식이 강했지만 시간이 흐르면서 점점 신라를 계승했다는 의식이 커졌어요. 『삼국사기』에는 신라 계승 의식이 더 많이 들어 있답니다.

왜 김춘추는 당나라와 손을 잡았을까?

의자왕   아무리 백제가 강하다고 해도 한 나라가 두 나라를 동시에 상대하여 이길 수는 없었습니다.

김딴지 변호사   판사님, 이의 있습니다. 백제가 멸망한 후 원고는 당나라 군에 잡혀서 당나라 장안으로 끌려갔고, 깊은 골방에 틀어박혀 밤낮을 가리지 않고 자신을 한없이 자책하며 음식에는 손도 대지 않다가 세상을 떠났습니다. 얼마나 원통하면 그랬을까요? 661년 음력 2월 원고의 죽음이 전해지자, 백제 부흥군은 일제히 사비성을 공격했습니다. 만약 원고에 대한 미움이 컸다면 왜 백제 부흥군이 원고의 죽음을 듣자마자 떨쳐 일어났겠습니까? 원고야말로 국망여망(國亡與亡), 즉 '나라가 망하면 더불어 죽는다'는 것을 실천한 사람입니다.

판사   원고의 행동에 대해선 아직도 의견이 분분한 듯합니다. 대립하는 의견을 모두 참고하여 판결을 내리겠습니다. 다음으로 증인 연개소문을 신문하세요.

이대로 변호사   증인에게 묻겠습니다. 증인은 '강한 고구려'를 내세우며 집권했고, 죽을 때까지 그 신념을 버리지 않았으며, 당나라와의 싸움을 승리로 이끌어 여러 차례 고구려의 자긍심을 드높였더군요.

연개소문   그렇습니다. 그래서 사람들이 우리 고구려를 민족의 방파제라 부른다고 알고 있습니다.

이대로 변호사   하지만 증인에겐 전쟁이라는 현재만 있었을 뿐 고구려의 새 미래를 그릴 수 있는 지혜가 없었습니다. 강한 고구려를 만들어야겠다는 의지는 있었지만 당나라의 힘이나 전략에 대한 지식은 없었던 셈입니다. 그 결과 군사 대국 고구려는 국제 정세를 유리하게 바꾸지도 못했고, 북방의 유목 국가인 설연타의 멸망, 남방의 협력자 백제의 멸망 등 시시각각 변화하는 나라 밖 정세도 따라가지 못했습니다.

연개소문 전쟁이나 싸움에 능한 것과 나라를 통치하는 것은 다르다는 걸 처음엔 몰랐던 탓입니다. 장군의 피를 타고난 나의 한계라고 생각합니다.

이대로 변호사 살아 있을 때 증인은 맏아들 남생을 후계자로 정했습니다. 그런데 남생은 나라를 제대로 이끌거나 지킬 만한 인물이 아니었습니다. 증인은 후계자를 정하는 가장 신중해야 할 선택의 기로에서 사사로운 정에 가려 판단력을 잃고 말았습니다. 적임자가 아닌 자식에 연연해 고구려의 앞날을 맡기려고 한 것은 불장난 같은 욕심이었습니다.

연개소문 그러기에 남생이 나라를 잘 이끌도록 나의 동생 연정토와 나머지 아들들에게 당부까지 했었습니다.

이대로 변호사 네, 기록을 통해 읽었습니다. 증인은 눈을 감으면서 남생을 도와주도록 아들 남건, 남산에게 당부하였더군요. 『일본서기』에 따르면 증인은 "너희 형제는 물고기와 물과 같이 화합하여 서로 지위를 다투는 일은 하지 마라. 그런 일이 있으면 이웃 나라에 웃음거리가 될 것이다"라고 당부했습니다.

연개소문 새는 죽을 때 슬픈 울음을 남기고, 사람은 죽을 때 착한 말을 남긴다고 했습니다. 나는 진심을 다해 아들들에게 당부했습니

다. 하지만 자식이 어디 마음대로 됩니까? 자고로 농사 중에서 자식
농사가 가장 힘들다 했습니다.

이대로 변호사   저도 자식을 키우는 입장이니 증인의 말씀에 공감
합니다. 하지만 증인은 살아 있을 때 이미 자식들이 권력을 놓고 싸
우는 것을 눈치챘으면서도 자식 외의 다른 똑똑한 인물을 후계자로
세우거나 남생의 집권 기반을 다져 주는 적절한 조치를 취하지 않
았습니다. 이것은 돌이킬 수 없는 증인의 실수라고 여겨집니다. 이
후 증인의 아들들은 권력을 두고 서로 다투었고, 나라를 지킬 군사

를 동원하여 자기 원한을 갚으려고 싸웠습니다. 아무리 외세의 침략을 다 막아 낸 고구려라 해도 안에서부터 곪아 버리면 멸망할 수밖에 없었을 겁니다.

김딴지 변호사　　판사님, 이의 있습니다. 피고 측 변호인은 지금 백제와 고구려를 비판합니다. 하지만 피고야말로 외세를 끌어들여 백제와 고구려를 멸망시키고 민족의 자주성을 해쳤으며 대륙의 땅을 잃어버린 죄에 대해 겸손하게 사과해야 합니다.

이대로 변호사　　판사님, 피고가 살다 간 시대는 전쟁으로 날이 새고 지는 혼란의 도가니였습니다. 피로 물든 통일 전쟁은 삼국 모두에게 '사느냐 죽느냐'의 갈림길이었고요. 그 생존 경쟁에서 뒤처진 고구려와 백제는 멸망했습니다. 그리고 그 원인은 내부에 있었지요. 그 점을 놓친다면 우리는 과거의 역사 속에서 귀중한 교훈을 얻을 기회를 놓치게 됩니다.

김딴지 변호사　　군사력과 경제력이 강한 외세에 매달려서 권력과 기득권을 유지하는 길은 쉽습니다. 그런 일은 누구나 할 수 있지요. 하지만 그런 일을 하지 않는 건 그 방법이 민족을 서서히 병들게 하기 때문입니다. 피고의 행위야말로 바로 그러한 행위입니다.

이대로 변호사　　원고 측에서는 계속 신라가 외세를 끌어들인 점을 비꼬시는데, 삼국 가운데 다른 나라의 힘을 빌려 보지 않은 나라가 있습니까? 백제와 고구려는 되고 신라는 안 된다는 것은 무슨 해괴한 논리입니까? 피고가 삼국을 통일하기 이전에 고구려에는 왜 백제와 신라를 품을 만한 그릇의 군왕이 없었는지 묻고 싶습니다. 백제는 물론이고 고구려조차 싸움에만 능했지 통일의 밑그림이 없었으며, 가만히 둬도 저절로 망할 만큼 정신이 흐려 있었습니다. 고구려가 여러 차례 싸움에 승리하여 수나라, 당나라를 물리쳤다고는 하나, 그것은 어디까지나 고구려의 군사와 백성이 한 일이었습니다. 지배층은 곪고 썩어 권력 다툼에만 매달렸지요. 백제와 고구려는 지배층이 잘못했기 때문에 멸망한 것입니다.

판사   양측 변호인 모두 진정하세요. 시간이 많이 지났습니다. 이쯤에서 재판을 마무리해야겠네요. 잠시 휴식을 취한 후에 원고와 피고의 최후 진술을 듣도록 합시다.

다알지 기자

　　오늘도 어김없이 역사공화국 한국사법정 앞에 나와 있는 다알지 기자입니다. 오늘 한국사법정에서는 의자왕 대 김춘추의 마지막 재판이 벌어졌습니다. 삼국 시대가 끝나고 통일 신라 시대가 열리는 역사적 시기에 대한 재판의 마지막 날이라서 재판을 보러 온 영혼들이 정말 많았지요. 오늘 재판에서는 고구려가 지배했던 땅을 잃어버린 것이 과연 누구의 책임인가를 두고 치열한 논쟁이 벌어졌습니다. 원고 측에서는 피고 김춘추가 당나라를 끌어들여 삼국을 통일했기 때문에 고구려의 영토를 잃어버린 것이라고 주장했지만, 피고 측에서는 그 책임을 발해를 돕지 않은 고려 왕건에게 돌렸지요. 오늘 재판에서 어떤 이야기들이 오갔는지 증인 연개소문과 피고 김춘추에게 자세히 들어 보겠습니다.

연개소문

우리 고구려는 드넓은 땅을 다스리던 큰 나라였어요. 그런데 신라가 백제와 고구려를 멸망시키기 위해 당나라를 끌어들이는 바람에 그 땅을 잃어버리고 말았지요. 신라가 평양 이남의 땅만 다스리기로 당나라와 비밀 약속을 했기 때문입니다. 신라가 이룬 통일은 진정한 삼국 통일이라고 할 수 없어요. 그리고 내 아들들에 관해서는 정말 할 말이 없습니다. 내가 다투지 말고 사이좋게 지내라고 그렇게 당부했는데 이놈들이 내 말을 듣지 않았어요. 그 일에 대해서는 커다란 책임감을 느낍니다. 하지만 그렇다고 해서 김춘추의 죄가 없어지는 것은 아니라는 사실을 분명히 해 두고 싶군요.

김춘추

고구려 땅을 잃어버린 책임을 내게 돌리는 사람들이 많다는 건 잘 알고 있습니다. 하지만 그것이 과연 나의 잘못일까요? 당나라가 그 땅을 다스린 기간은 고작 30년밖에 되지 않습니다. 곧 발해가 세워져 그 땅을 차지했지요. 그 땅을 정말 잃어버린 건 고려 왕건 때입니다. 왕건은 발해가 거란에 의해 멸망할 때 발해를 전혀 도와주지 않았어요. 오히려 발해를 멸망시킨 거란에 축하 사절까지 보냈습니다. 그리고 자꾸 내가 외세를 끌어들였다고 하는데, 신라·백제·고구려는 모두 외국과 도움을 주고받으며 발전했다는 사실을 말하고 싶군요.

왜 김춘추는 당나라와 손을 잡았을까?

김춘추는 외세를 끌어들인
역사의 죄인입니다
VS
고구려와 백제가 멸망한 책임은
스스로에게 있습니다

판사 세 번에 걸친 재판도 모두 끝이 났군요. 이제 마지막으로 원고와 피고의 최후 진술을 듣겠습니다. 원고 의자왕부터 말씀해 주세요.

의자왕 존경하는 판사님, 그리고 배심원 여러분! 김춘추는 삼국을 통일하기 위해 외세인 당나라와 손잡았습니다. 김춘추는 자신만 살자고 외세를 끌어들여 같은 민족인 백제와 고구려를 없앤 것입니다. 그 결과 우리 민족은 드넓은 대륙 땅을 잃어버렸고, 그가 벌인 전쟁으로 백성의 삶은 피폐해졌습니다. 이 모든 것이 김춘추의 죄입니다.

그리고 김춘추는 당나라가 대동강 이북의 땅을 차지하겠다고 주장했을 때 터무니없게도 이에 동의했습니다. 피고 측 변호인은 김춘추가 당나라, 왜를 돌아다니며 훌륭한 외교를 펼쳤다고 주장했지만 바로 이것이 김춘추 외교의 실체였지요. 김춘추가 외세를 끌어들였기 때문에 신라는 통일 이후에도 당나라의 간섭에 시달려야만 했습니다. 그리고 백제와 고구려로부터 빼앗은 땅을 두고 신라와 당나라가 전쟁을 벌였지요. 또다시 백성은 피를 흘려야만 했습니다.

물론 나라를 끝까지 지키지 못한 내게도 백제 멸망의 책임이 있다고 생각합니다. 무엇보다 나의 책임이 우선일 것입니다. 고구려도 마찬가지입니다. 증인으로 나온 연개소문 또한 아들들을 제대로 통제하지 못하여 결국 나라를 멸망으로 이끈 책임을 면할 수는 없습니다. 우리는 책임을 회피하기 위해 이번 소송을 벌인 것이 아닙니다. 비록 우리의 책임이 크다고 하지만, 그렇다고 김춘추를 삼국을 통일한 영웅으로 여기는 것에는 문제가 있습니다. 눈앞의 불만 끄고자 외세를 끌어들인 김춘추의 죄는 다른 무엇보다도 큽니다. 부디 한국 사법정에서 김춘추의 죄를 엄중히 묻기를 바랍니다.

김춘추 나는 당시 외교에는 전문가였습니다. 외교를 통해 신라를 강하게 만들겠다는 열정이 있었고, 그 열정으로 약소국 신라의 힘을 키웠습니다. 삼국을 통일하기 위해 당나라의 도움을 받은 것도 나의 외교의 힘입니다.

원고 측에서는 내가 당나라와 손잡았기 때문에 우리나라가 땅을 잃고 간섭을 받았다고 주장합니다. 하지만 신라가 삼국을 통일한 후 당나라는 200만 명의 군사를 동원하여 20여 년에 걸쳐 전쟁을 벌였지만 얻는 것도 없이 자존심을 세우는 데 그쳤습니다. 이후 발해가 세워지면서 당나라는 요동 지방에 대한 지배권을 잃어버린 것은 물론이고 토번과의 싸움에서도 줄곧 밀리는 등 심각한 후유증을 겪었

왜 김춘추는 당나라와 손을 잡았을까?

습니다.

고구려와 백제가 역사의 무대에서 사라진 것은 지배자들이 나라를 지킬 의무를 다하지 못했기 때문입니다. 백제와 고구려의 멸망은 그들 스스로 자초한 일로 멸망의 원인은 그들에게 있었습니다. 나라를 다시 세우기 위한 부흥 운동을 벌일 때조차 그들은 서로가 서로를 죽이는 내분을 멈추지 않았고, 결국 백제와 고구려의 부흥 운동은 모두 실패하고 말았지요. 하지만 신라는 백제와 그 동맹국인 고구려를 멸망시키고 대동강 이남에서 원산만에 이르는, 이전보다 세 배나 확대된 영토를 확보할 수 있었습니다. 그리고 그것은 한민족형성의 출발점이 되었습니다.

일부 사람들은 내가 외세를 끌어들였다고 비난합니다. 하지만 삼국 통일은 당나라의 도움만으로 이루어진 것은 아닙니다. 나의 딸과 아들의 희생과 헌신, 살을 도려내는 고통을 겪으며 천신만고 끝에 이룬 꿈입니다. 판사님과 배심원 여러분이 그 사실을 꼭 기억해 주시기 바랍니다.

판사　여기까지 달려오느라 원고 측도, 피고 측도, 그리고 배심원 여러분도 모두 수고 많으셨습니다. 배심원의 의견을 참고하여 4주 후에 판결을 내리겠습니다. 그때까지 방청객 여러분도 이 사건에 대해 판결을 내려 보기 바랍니다.

땅, 땅, 땅!

역사공화국 한국사법정 재판 번호 11 의자왕 vs 김춘추

주문

역사공화국 한국사법정은 원고 의자왕이 피고 김춘추를 상대로 제기한 명예훼손에 대한 손해 배상 청구를 기각한다.

더불어 의자왕과 연개소문의 후손 및 한민족의 후예 모두가 신라의 태종 무열왕 김춘추와 같이 개인의 희생과 나라 사랑의 정신으로 나라의 발전에 힘쓸 것을 권고한다.

판결 이유

삼국 통일 전쟁의 과정에서 한 나라를 책임지던 원고 의자왕과 증인 연개소문, 그리고 그 후손들에게는 상당 부분 멸망의 원인과 책임이 있다. 상대를 죽이지 않으면 죽을 수밖에 없는 상황에서 피고가 당나라를 끌어들여 백제와 고구려를 멸망시키기는 하였으나, 이후 당나라와 오랜 기간 싸움을 벌인 점으로 미루어 보아 외세에 기대었다는 이유로 피고를 무조건 비판할 수는 없다.

그동안 피고는 그의 섣부른 외교로 대륙의 영토가 당나라로 넘어갔다거나, 야욕에 가득 찬 외세를 불러들여 자칫 한민족을 위험에 빠뜨릴 뻔했다는 비난을 받아 왔다. 피고의 외교에는 분명 되짚어 볼 문제

점이 있다. 하지만 삼국 중 가장 힘이 약했던 신라가 가장 강성한 나라로, 삼국을 통일한 나라로 발전한 배경에는 피고의 빛나는 외교력이 있다는 걸 부인할 수 없다.

피고가 물길을 연 통일은 우리 역사 최초의 정치적·문화적 통일이었다. 또, 삼국이 분열의 상처를 딛고 하나 된 모습으로 발전하는 출발점이 되었다. 또한 피고처럼 직접 적국에 출입한 왕이나 신하를 역사상 찾아보기 힘들다. 이로써 피고를 나라를 위한 열정과 담대함을 가진 사람이라 판단하기에 무리가 없다. 그의 열정적인 외교야말로 칼과 피로 물든 영토 싸움에서 벗어난, 조정과 협상을 통한 논리적이고 합리적인 외교의 출발이자 모범이라고 생각된다.

앞으로의 논의는 '누가 통일했느냐', '누구의 통일이 정당하냐'에 머물러선 안된다고 본다. '그들이 왜 멸망했으며, 왜 승리할 수 있었나' 하는 인식으로 나아가야 할 것이다. '왜 신라가 생존했고 고구려와 백제는 망했는가?' 이를 곰곰이 되새겨 보는 것이야말로 현재를 살아가는 우리의 몫이자 미래로 도약할 해답이라 믿는다.

역사공화국 한국사법정 담당 판사 정역사

"희망을 보태러 지상 세계로
내려가려고 합니다"

재판이 끝나자 그동안의 피로가 이대로 변호사를 덮쳐 왔다. 텅 빈 법정에 앉아 있던 이대로 변호사는 기지개를 켜고 밖으로 나갔다. 한국사법정 밖에서는 한 무리의 영혼들이 모여서 웅성거리고 있었다. 이대로 변호사가 다가서자 목소리는 더욱 또렷하게 들려왔다.

"네놈은 내가 국경을 순시하는 틈을 타 쿠데타를 일으키더니 내 아들 헌충까지 죽였다. 그 일로 널 벌하리라 맹세하여 당나라에 몸을 의지했고, 당나라의 길잡이가 되어 마침내 그 일을 이루었다. 그러니 나의 불행도 고구려의 불행도 모두 네놈으로부터 시작된 것이다."

다름 아닌 고구려 시대를 살던 영혼들이 모여 나라를 망친 책임을 두고 서로 비난하고 있었던 것이다. 마침 연개소문의 큰아들 남생이 동생 남건을 꾸짖고 있었다.

남건은 형 남생의 말에 코웃음을 치며 대꾸했다. 입가에는 야릇한 빈정거림이 번져 나왔다.

"오죽 형이 믿음직스럽지 못했으면 내가 그랬겠소? 아버지가 뚜렷한 병법도, 통치 철학도 갖추지 못한 형에게 왜 나라를 맡겼는지 모르겠소."

그러자 옆에 있던 셋째 남산이 남건의 말을 거들듯 고개를 끄떡였다. 고구려에 대한 정보를 당나라에 아낌없이 제공한 장본인이 남생이니 남건의 항변도 일리는 있었다. 남건은 더욱 화를 내며 억울함이 가득 담긴 말을 쏟아 냈다. 이번에는 비난의 화살이 형의 사주를 받고 성문을 연 승려 신성과 왕족 고요묘에게로 향했다.

"이놈, 신성아, 소수림왕이 불교를 공인한 후 나라에선 온갖 특혜를 아낌없이 주었다. 그런데 어찌 너는 밤중에 성문을 열어 나라를 팔아먹었느냐? 고요묘, 당신도 마찬가지요."

고요묘가 발끈하여 입을 열었다. 치렁치렁한 금장식이 마구 흔들렸다.

"당시 고구려의 현실이 어땠는가? 보장왕은 허수아비처럼 힘을 쓰지 못했고, 너희 연씨 일족이 나라를 휘둘렀다. 고구려의 정신이 사라진 마당에 더 이상 전쟁을 벌이는 것은 무의미한 일이었다. 불쌍한 백성만 애꿎은 죽음으로 내몰릴 뿐이었지. 그것이 내가 성문을 연 이유였다."

고요묘의 지적에 보장왕이 일어나 섭섭함을 얘기했다.

"이 몸은 그래도 나당 전쟁이 끝난 직후 요동주 도독 조선 왕이 되

금마저
지금의 전라북도 익산입니다.

어 말갈과 함께 고구려 부흥 운동을 꾀하였소이다."

그러자 고요묘가 하늘을 향해 크게 웃었다. 나라를 잃고 장안에 끌려간 의자왕은 다섯 달 만에 죽었거늘, 보장왕은 나라를 잃은 왕답지 않게 9년이나 호의호식했다. 보장왕의 말을 듣고 그간 침묵을 지키던 고구려의 부흥 운동가 검모잠이 일어섰다.

"고구려는 한 번만 망한 게 아니라 두 번, 아니 세 번 망했소이다. 마땅히 죽일 놈이 어디 한둘이겠습니까? 연개소문의 아우인 연정토는 조카들의 싸움을 조정해야 할 책임을 저버린 채 열두 개의 성을 거느리고 신라로 투항했고, 나중에는 다시 당나라에 빌붙어 장안에서 호사를 누리다가 죽었지요. 나라가 망하고 2년 뒤 안승을 고구려 왕으로 옹립하고 황해도 지방에서 고구려의 부흥을 꾀했건만, 안승 또한 금마저의 땅을 얻는 대가로 날 죽이고 도망치듯 남쪽으로 향했소."

안승이 당나라와의 싸움이 한창인 북쪽을 버리고 남쪽으로 간 결과 고구려의 부흥은 그만큼 멀어졌다. 안승은 금마저의 땅을 얻어 나라를 세웠지만, 그 나라의 이름은 신라의 덕에 보답한다는 의미의 보덕국으로 격하됐다. 이후 안승은 김씨 성을 받았고 김춘추의 일족과 결혼하여 서라벌로 이주했다. 쓸모가 없어진 보덕국은 역사에서 사라지고 말았다.

이야기를 듣던 이대로 변호사는 무거운 마음으로 걸음을 옮겼다. 저쪽 한 모퉁이에서는 백제 시대를 살던 영혼들이 목소리를 높이며 옥신각신하고 있었다. 이대로 변호사가 다가갔을 때는 머리를 깎고 염주를 쥔 도침이 무왕의 조카이자 의자왕의 사촌 동생인 복신을 한

창 꾸짖고 있었다.

"이놈, 복신아, 의자왕과 귀족, 백성 1만 2000명이 당나라에 무참히 끌려간 후, 나는 비록 승려였으나 분노를 참을 수 없었다. 그래서 너와 힘을 합쳐 백제를 부흥시키려고 했다. 일본에 있던 의자왕의 막내아들 부여풍을 새로운 백제 왕으로 옹립한 것도, 사비성 남쪽에서 군사를 일으킨 것도 백제를 다시 세우고 싶은 나의 뜻이었다. 당나라 군이 우리를 이간질하려고 사신을 보냈지만 나는 그를 바로 돌려보냈다. 그런데도 너는 나의 행동이 독단적이라며 날 암살했다. 너는 당나라 사신을 만나 내통하고 싶었던 것이냐?"

그러자 복신이 앙칼진 목소리로 대답했다.

"군사를 부리는 데엔 군율이 필요하다. 그런데 네놈은 나의 지휘를 받으면서도 나의 뜻을 묻지 않고 당나라 사신을 돌려보냈다. 그래서 나는 원칙에 따라 처리했을 뿐이다."

복신의 당당한 태도에 부여풍이 선뜻 자리에서 일어났다. 도침의 행동이 잘못이라면, 명색이 왕인 자신에게 보고조차 하지 않고 승병의 지휘관인 도침을 살해한 복신의 행동은 더욱 잘못이 큰 것이다.

"이놈, 복신아, 네놈은 오직 네놈의 기준에서만 생각하는구나. 그래서 내가 화를 내자 병에 걸렸다고 거짓말하고 문병하러 간 나를 죽이려 했더냐?"

복신이 화난 표정으로 대답했다.

"당신이 할 줄 아는 게 무엇이 있었으며, 백제에 대해 아는 것은 무엇이 있었소? 내가 죽고 난 뒤 당신은 10여 차례의 전투에서 계속 패배만 했소. 백제를 모르는 백제인, 애당초 당신은 백제의 왕이 될 자격이 없는 자였소."

부여풍과 복신의 권력 다툼은 백제 부흥 운동을 수렁에 빠뜨린 원인이었다. 한쪽에서 이야기를 듣던 흑치상지가 일어나 말했다.

"나라가 망했을 때 제일 먼저 기치를 든 것은 바로 나였소. 사비성 북쪽을 단번에 장악했고, 사비성을 공격하여 1만의 당나라 군사를 섬멸한 것도 바로 나요. 백제 부흥 운동은 나를 빼놓고 얘기할 수 없을 거요."

몸집이 큰 흑치상지의 말에는 힘이 넘쳐 났다. 흑치상지는 당나라에 두 번 항복했었다. 의자왕과 더불어 항복했고, 사비성 북쪽에서 거병한 지 얼마 안 되어 다시 항복했다. 그는 계백처럼 출중한 무예를 지녔다. 하지만 계백처럼 끝까지 나라를 위해 싸우지 않았고, 뜻을 두 번이나 굽히며 당나라에 투항했다. 그가 뒷날 당나라에서 모호한 반역죄를 뒤집어쓰고 처형당한 데엔 이 두 번의 투항이 영향을 미쳤는지도 모른다. 이들의 대화를 듣던 이대로 변호사는 마음 한쪽이 저미어 오는 것 같아 서둘러 자리를 떴다.

시나브로 주위는 컴컴해지고 있었다. 가을은 날이 빨리 지는 법이다. 어디선가 떨어지는 낙엽이 우수수 소리를 냈다. 저무는 가을을 두고 귀뚜라미가 소리 높여 구슬프게 울었다. 어둑한 저편 너머로 한 그림자가 눈에 뛰었다. 등에는 괴나리봇짐을 메고 삿갓을 쓴, 어디론가 먼 길을 떠나는 채비였다. 삿갓 속의 주인공이 먼저 이대로 변호사를 알아보고 한 손으로 삿갓을 잡고 인사했다. 소스라치게 놀

란 이대로 변호사가 말했다.

"김춘추 공, 아니 태종 무열왕이 아니십니까? 대왕께선 어디로 가시는 것입니까?"

"저기 하늘 아래, 대한민국이 걱정이 되어서요. 삼한을 아우른다는 대한민국이 지금은 남북으로 쪼개져 있다더군요. 북쪽은 백두산을 송두리째 중국에게 빼앗길 찰나이고, 남쪽은 독도 싸움에서 일본에 밀린다더군요. 백성은 먹고살기에 바빠서 지난날의 역사를 잊었고 앞으로의 희망도 잃어버렸답니다. 희망 없는 땅에 내 노력의 결실을 보태기 위해 겨울 나들이를 할까 합니다."

삿갓의 주인공은 예를 갖춘 다음 총총히 사라졌다. 오늘 하늘 아래 꿈을 가진 아이가 태어날 것이다. 이대로 변호사는 조용히 꿈과 성공, 희망과 실패를 생각하며 걸음을 옮겼다. 먼 하늘의 별 하나가 긴 그림자를 그리며 조용히 사라지고 있었다.

왜 김춘추는 당나라와 손을 잡았을까?

태종 무열왕의 흔적이 남아 있는
태종 무열왕릉

경주시의 북서쪽인 서악동 선도산 자락에서 신라가 삼국을 통일하는 데 크게 이바지한 태종 무열왕의 흔적을 찾아볼 수 있습니다. 그의 무덤인 태종 무열왕릉이 있기 때문입니다. 능의 입구에서 그의 업적을 기리는 비를 먼저 만날 수 있는데, 안타깝게도 몸돌은 없어져서 비석의 내용을 제대로 확인할 수는 없습니다. 하지만 거북 모양의 받침돌과 용을 새긴 머릿돌은 남아 있지요. 여기에 태종 무열왕의 둘째 아들인 김인문이 썼다고 전해지는 '태종 무열대왕지비'라는 글씨가 새겨져 있어 이 능이 태종 무열왕릉임을 알 수 있게 해 줍니다.

태종 무열왕릉비는 현재 국보 제25호로 지정되어 있습니다. 고개를 들고 발톱을 세운 채 힘차게 앞으로 나가는 모습의 거북 모양 받침돌은 현재 우리나라에 남아 있는 것들 중에서 가장 오래된 것입니다. 이 받침돌은 매우 정교하고 사실적으로 만들어졌는데, 실제 거북이 힘을 주고 걸을 때 입 부분이 붉어지는 것을 표현하기 위해 자연석의 붉은 부분을 거북 턱에 맞추어 조각했다고 하지요.

생동감 넘치게 만들어진 태종 무열왕릉비를 지나면 태종 무열왕의 능을 만날 수 있습니다. 일반적으로 왕이나 왕후의 무덤을 '능(릉)'이라고 하는데, 태종 무열왕의 능은 소나무가 호위하듯 주변을 에워싸고 있는 모습이 인상적입니다. 높이가 8미터가 넘는 둥근 무덤이지요. 태종 무열왕의 능은 역사서에도 기록되어 있는데, 김부식이 쓴 『삼국사기』 「신라본기」에 "영경사 북쪽에 장사를 지냈다"는 얘기가 있고, 『신증동국여지승람』에는 "경주 서악리에서 137보 떨어진 곳에 있다"라고 왕릉에 대해 언급되어 있기도 합니다.

찾아가기 경상북도 경주시 서악동 842

태종 무열왕릉

태종 무열왕릉비

『역사공화국 한국사법정 11 왜 김춘추는 당나라와 손을 잡았을까?』
와 관련한 논술 문제를 풀어 봅시다.

※ 다음 제시문을 읽고 물음에 답하시오.

(가) "고구려가 멸망하여 발해가 되고 백제가
　　멸망하여 신라에 병합되었으니 이것은 세
　　나라가 합하여 두 나라가 된 시대이다."

단재 신채호

(나) "발해가 멸망하자 압록강 서쪽의 토지가
　　거란, 몽고 등 다른 민족에게 넘어가서 우
　　리 단군 조선의 옛 영토의 반을 지금까지 900여 년 동안 잃어버렸
　　다. 아! 고려 태조가 우리나라를 통일하였다 하며 조선 또한 우
　　리나라를 통일하였다고 하나, 이것은 반쪽짜리 통일이요 전체
　　적인 통일은 아니다."

(다) "다른 종족을 끌어들여 같은 종족을 멸망시키는 것은 도적을
　　불러들여 형제를 죽이는 것과 같다."

1. (가)~(다)는 신채호의 「독사신론」의 내용 중 일부입니다. 이 내용을 바탕으로 신라의 삼국 통일을 비판하여 쓰시오.

※ 다음 제시문을 읽고 물음에 답하시오.

(가) 고구려는 당시 당나라와 십여 년에 걸친 전쟁을 치르고, 재해가 겹쳐 백성은 밥도 제대로 먹지 못했다. 설연타·돌궐·거란을 비

롯한 북방의 여러 종족들은 당나라에게 차례차례 망했고, 왜는 철저히 중립을 지켰다. 곧 당을 견제해 줄 고구려의 우호 세력이 모두 사라진 상태였다. 그럼에도 연개소문이 죽자 그의 아들들, 남생과 남건, 남산은 서로 권력을 다투었다.

마침내 남생은 당나라에 항복했고, 고구려를 공격하는 당나라 군대의 길잡이가 되었다. 그는 당나라 군대를 평양 도성까지 안내한 것으로도 모자라, 평양성을 지키던 신성이란 승려, 왕족 고요묘와 연락해 몰래 성문을 열게 했다.

중국 기록을 살펴보면, 당시 당나라는 고구려와의 전쟁에서 계속 패배하면서 고구려를 정벌하려는 마음을 정리하던 중이었다. 당나라에 항복한 남생이 고구려를 공격할 것을 거듭 요청한 순간까지도 당나라는 출정을 망설였다. 아마 형제간의 갈등과 분열이 없었다면 고구려는 10세기 거란이 일어나기까지 2백여 년간, 아니 더 오래 남아 있었을 것이다.

(나) 의자왕은 자신의 아들 41명을 좌평(佐平)으로 삼아 전국의 식읍(食邑)을 주었다. 그러나 금강 하구를 막는 위기의 순간, 도성을 지키는 최후의 결전에서 1만의 군사와 백성이 모두 목숨을 바쳤을 때와 계백과 5천 군사들이 황산벌에서 모두 죽는 순간조차, 의자왕 아들들이 함께 했다는 기록은 없다. 오히려 왕자 효, 태, 융은 왕위에 욕심을 부렸고 융과 효의 아들은 아예 적에게 항복했다.

(다) 신라가 삼국을 통일한 이후부터 요나라, 금나라, 원나라, 명나라, 청나라가 등장하였고, 이들이 고구려 땅을 계속해서 차지하였다. 그 나라들의 세력은 이후 고려와 조선이 상대하기에는 벅찬 강대국들로 성장하였다.

2. 위의 자료를 읽고 김춘추가 중심이 된 삼국 통일의 배경, 이유와 긍정적 측면을 적으시오.

해답 1 신라가 삼국을 통일하였습니다. 이는 우리 민족 최초의 통일로 민족 전체를 하나로 만들어 주는 계기가 되었으며 민족 문화가 발전할 수 있는 토대를 만들었지요. 하지만 신라의 삼국 통일에는 큰 문제점이 있었습니다. 외세인 당의 도움을 받아 이루어진 통일이라는 점이었지요. 같은 민족끼리 싸우는 전쟁에 외세를 끌어들인 것입니다. 그래서 결국 통일 신라의 영토는 고구려 땅의 대부분을 제외한 대동강 이남 지역에 불과하였습니다. 불완전한 통일이었던 것이지요.

해답 2 옛말에 윗물이 맑아야 아랫물이 맑다고 했습니다. 고구려와 백제의 멸망 원인을 자세히 살펴보면, 그 원인의 상당 부분은 김춘추가 외세인 당을 끌어들인 것에 있다기보다, 고구려와 백제 집권자들의 어리석은 행위에서 비롯한 것을 알 수 있습니다.

또 압록강과 두만강 이북의 대륙지역을 차지한 중국 역대 왕조들의 지도를 찾아 보면, 고구려가 삼국을 통일했더라도 그 땅이 고려 조선을 거쳐 고스란히 지금 한국 땅이 되었을지 의문이 생깁니다. 이처럼 강력한 국가들이 줄줄이 나타난 것은 고구려와 현재를 섣불리 이어 보려는 '고구려 영광론'이 곤란하다는 사실을 일깨워줍니다. 고려 조선의 왕들 누구도 김춘추처럼 적국을 넘나들며 외교를 구사한 일이 없었고, 일가를 희생시키지도 않았습니다.

김춘추 일가의 헌신을 바탕으로, 백성들의 힘이 하나가 되어 이룩

한 신라 통일은 900년에 걸친 분열을 끝내고 우리 민족을 하나로 형성한 출발이었습니다. 또 오랜 기간 당과 싸운 것을 보아도, 신라의 삼국 통일은 자주와 주체를 간직한 것이었다고 평가할 수 있습니다.

* 해답은 예시로 제시된 내용입니다.

역사공화국 한국사법정 11

왜 김춘추는 당나라와 손을 잡았을까?

© 박순교, 2010

초 판 1쇄 발행일 2010년 11월 19일
개정판 1쇄 발행일 2013년 10월 18일
개정판 7쇄 발행일 2021년 7월 23일

지은이   박순교
그린이   안희숙
펴낸이   정은영

펴낸곳   (주)자음과모음
출판등록   2001년 11월 28일 제2001-000259호
주소   04047 서울시 마포구 양화로6길 49
전화   편집부 (02) 324-2347 경영지원부 (02) 325-6047
팩스   편집부 (02) 324-2348 경영지원부 (02) 2648-1311
이메일   jamoteen@jamobook.com

ISBN 978-89-544-2311-3 (44910)